INDICE

1.-INTRODUCCION

El proyecto de investigación que he llevado a cabo trata en general sobre la música de los videojuegos y en los videojuegos. Para ser más exactos, ahonda en la música creada para un juego y que posteriormente, en algunos casos, ha sido reutilizada para otros fines distintos, tales como conciertos sinfónicos, series de televisión y anuncios publicitarios

Existen varias razones para llevar a cabo esta investigación. La primera de ellas, es por un interés personal debido a que he crecido con los videojuegos y he sentido la curiosidad del porqué acompaña al videojuego una determinada música y en qué medida afecta ésta al devenir del juego.

La segunda razón es que no existen todavía suficientes libros, artículos o estudios que traten sobre estos temas ya que lo que se puede encontrar hablan genéricamente sobre ellos[1] o son demasiados técnicos y dirigidos más específicamente a informáticos[2].

La tercera razón es que tampoco hay estudios en España en los que se trate de otros usos que puedan darse a la música contenida en los videojuegos. En otros países tales como Estados Unidos y sobre todo en Japón la música de los videojuegos se comercializa en CDs, se dan conciertos o se hacen estudios sobre la influencia de esta música en los jóvenes.

Nos encontramos en el siglo XXI y por tanto en la era de las nuevas tecnologías, y los videojuegos tampoco se han quedado detrás. Cada vez se busca que los videojuegos tengan más realismo, mejor calidad de imagen y sonido,… y, al crear juegos tan excelentes últimamente, en calidad de imágenes y música, (como el juego *Halo*[3] no es de extrañar que influyan en otros aspectos de los medios audiovisuales.

---

[1] LAG LOPEZ, Nieves. *Análisis evolutivo de la música en el videojuego*. Almería: Pivo Compal, 2008.
[2] SEGURA CARRILLO, Víctor. *Música y Fx para videojuegos y retoque profesional del sonido*. Madrid: Prensa técnica, 1999.
[3] Es una saga de videojuegos que comenzó en el 2001 por Bungie Estudios, para PC y Xbox 360. La historia trata sobre un mundo futurista donde existe una guerra entre humanos y un clan extraterrestre llamado *El Pacto*. Ejemplo elegido por considerarse unos de los mejores juegos creados en los últimos

Por ello, la música de los videojuegos, aunque en algunos casos haya sido de relleno, ha ido mejorando con el tiempo. Al principio solo eran sonidos creados por ordenadores, pero, cada vez se está buscando que sean más originales, más reales y con mejor calidad, y dicha evolución tecnológica de los videojuegos ha conllevado asimismo a la mejora de los sistemas de grabación y reproducción de los sonidos musicales.

Con esta evolución de las máquinas no es de extrañar que a las nuevas creaciones que se han hecho para los juegos, se les de un uso distinto para el que fueron creados, miremos por ejemplo, la Orquesta Filarmónica de Los Ángeles, que dio un concierto de la música del juego *Final Fantasy*, anuncios de televisión con aspecto de videojuego o grupos de música que se dedican a hacer versiones de la canciones de *Mario Bros*, por ejemplo.

Tampoco nos olvidemos de juegos que inspiraron películas o series, como por ejemplo la serie animada de *Mario Bros*[4], las películas de *Lara Croft*[5], o de *Final Fantasy*[6].

Con todo esto, se quiere dar a entender toda la influencia que ha supuesto la música en los videojuegos a lo largo de la historia y, que por fin, se va extendiendo a otras vías, que no se han estudiado mucho todavía. Me refiero con ello a que se viene utilizando el formato de videojuego para crear anuncios, pero la música que incluyen dichos anuncios no es del prototipo de la música de los videojuegos, es decir, no existe relación entre imagen y sonido.

Por todo lo dicho, se han seleccionado diferentes tipos de ejemplos que se analizarán para las conclusiones finales sobre la música-imagen y, su influencia en otros medios.

---

años , mencionado en la Academia de las Artes y Ciencias interactivas (2002).
[4] *Opening* de la serie: http://www.youtube.com/watch?v=Qp1Lbmutry0 [consultada el 23 de agosto de 2010]
[5] Trailer de la primera película: http://www.youtube.com/watch?v=l1yu-HGSSLk [consultada el 23 de agosto de 2010]
[6] Trailer de la película: http://www.youtube.com/watch?v=lbXrUU2Kbgw [consultada el 23 de agosto de 2010]

2.- OBJETIVOS

Los objetivos fundamentales que me he planteado para este trabajo, que se tendrán que comprobar y comparar con los ejemplos elegidos, para verificar si se cumplen en el apartado de conclusiones, son los siguientes:

1) Analizar la evolución de los videojuegos a lo largo del tiempo desde su creación. De esta manera se conocerán los métodos y técnicas utilizados para la creación de las consolas, evolución de las tecnologías y como han afectado estas para las mejoras posteriores.

2) Conocer la evolución de la música de los videojuegos, en técnica de grabación, modo de componerla, las investigaciones que se llevan en estos momentos y analizar los libros publicados hasta el momento. Este objetivo está relacionado con la historia de los videojuegos, si no se conocen las mejoras de las consolas, no se podrían entender ciertas composiciones.

3) Ahondar en otras opciones que se han aplicado a la música de videojuegos, aparte de los videojuegos en sí, como conciertos sinfónicos, series o videoclips.

4) Buscar y analizar cómo el fenómeno de los videojuegos ha influido en otras artes visuales, como por ejemplo videoclips, aunque no van siempre unidos imagen y música. Es decir, aunque la imagen sea completamente de videojuego, la música asignada no corresponde a ningún prototipo de banda sonora de videojuegos.

5) Analizar los ejemplos seleccionados, buscando relaciones entre la música existente y el nuevo uso de la imagen o, relacionando las imágenes de tipo videojuego con la nueva música asignada.

6) Llegar a unas conclusiones con los ejemplos seleccionados, para contrarrestarlos con los objetivos anteriormente indicados.

4

3- ESTADO DE LA CUESTIÓN

El tema a tratar, es sobre la música y estética de los videojuegos. Primeramente el conocimiento de la evolución, a lo largo de los años para poder comprender los cambios realizados en esta materia.

Además, en esta era de las nuevas tecnologías, donde todo está interconectado, los videojuegos han influido en otras artes audiovisuales, como en el cine o en los anuncios de televisión y, es lo que en este estudio se intentará analizar, para comprender la magnitud de su influencia. Especialmente, en lo relacionado con la música y la imagen, que como en los videojuegos, no se pueden comprender por separado.

Respecto a la bibliografía sobre este tema, se debe añadir que es bastante escasa. Existe una bibliografía extensa sobre los videojuegos en sí y su evolución desde su creación, sobre como tratar los videojuegos en las aulas[7] o, las posibles adicciones que pueden surgir por su uso continuado[8], pero en lo que respecta a la música, no hay demasiadas referencias. Si que existen algunos libros y artículos que tratan el tema, pero algunos de ellos son bastante difíciles de conseguir en España por su escasa difusión.

Sobre el tema que nos ocupa, hay menos todavía. Parece que ya empiezan a preocuparse sobre la música, como en el libro de Nieves Lag López, *Análisis evolutivo de la música en el videojuego* donde la autora tiene un apartado sobre la música fuera de los videojuegos o, también el artículo de Emiliano Ilardi titulado "Dj-Pacman: el influjo de los videojuegos sobre la música techno", donde habla sobre la música electrónica, cogiendo ejemplos de los videojuegos.

Últimamente también existe interés por la música y los videoclips, publicándose artículos sobre la relación de música e imagen. Pero, no hay publicaciones sobre videoclips con estética de videojuego y la función que tiene la música en ellos.

---

[7] DÍEZ, Enrique Javier. Op. Cit.
[8] TEJEIRO SALGUEDO, Javier. Op. Cit.

Tampoco nos olvidemos de los anuncios con estructuras de videojuego, pero ocurre lo mismo que en los videoclips. Sí se ha comenzado a tratar la música en el anuncio, pero no esa relación de imagen y música de videojuego.

Pero aún así, no es suficiente lo que se ha hecho hasta ahora, así que este ejercicio quiere ser un precedente a un trabajo futuro más profundo del tema, para poder reunir distintos ejemplos, analizarlos y llegar a unas conclusiones interesantes.

Los problemas de llevar este trabajo adelante, son de diversa índole. Una de ellas, es la falta de bibliografía al respecto que nos pueda ayudar en el camino. Aunque eso, por otra parte, puede ser una ventaja, para los que se aventuren en este tipo de investigaciones, por todo lo que falta por descubrir.

Otro problema que puede surgir, es que se debe invertir mucho dinero y tiempo. Por una parte, se debe invertir en juegos de todo tipo y revistas especializadas para poder saber que se está creando y publicando para no perder el hilo. Además, hay que dedicar muchas horas a ver y escuchar diversos medios audiovisuales para seleccionar medios que se relacionen con el tema a tratar. Por último, se debe dedicar horas al estudio de estos medios para hacer una comparación y, lanzar unas conclusiones.

Se espera, que esta corta investigación sirva de base para crear una línea de ideas e hipótesis variadas, para abrir, en definitiva, un mundo bastante nuevo todavía.

4- METODOLOGÍA

La metodología seleccionada para este trabajo es la que está expuesta en las siguientes líneas:

1) Primeramente, voy a necesitar una bibliografía para utilizarlo como base. Se partirá de artículos ya conocidos[9] que me indicarán materias y libros relacionados con el tema. También se utilizará la biblioteca de la facultad, para encontrar libros o artículos que sirvan de ayuda para desarrollar la línea de investigación. Internet también facilitará la búsqueda de información.

2) Después de la comprobación del material, se analizará el mismo, y se decidirá la línea de investigación.

3) Posteriormente, se comenzará a escribir sobre la historia de los videojuegos y su música, para poder analizar y comprender los ejemplos que tengamos que escoger.

4) El siguiente paso es la selección de los ejemplos, basándose en los objetivos ya expuestos. Se analizarán para poder comprobar si se ajustan a los objetivos iniciales.

5) Finalmente se sacarán las conclusiones, relacionando los objetivos iniciales con los ejemplos, para concluir si se ajustan a la idea inicial.

6) Aunque la bibliografía se base en libros y artículos, no hay que dejar de lado las páginas de Internet o las revistas especializadas dedicadas a los videojuegos, que nos pueden servir para encontrar nuevos datos relacionados con el tema principal.

---

[9] ARACIL, Alfredo y MONTERO, Julio. Op. Cit.

7) Para llevar a cabo lo mencionado anteriormente, se hará un estudio audiovisual. El medio utilizado será *youtube* por la calidad de sus videos y la facilidad con la que pueden encontrarse.

8) Se intentará hacer un análisis musical de los ejemplos seleccionados, para conseguir unas buenas conclusiones de la música e imagen.

3.- HISTORIA DE LOS VIDEOJUEGOS

El primer videojuego fue el *Computer Space* (1971) de Nolan Bushnell que lo comercializó en Estados Unidos siendo un rotundo fracaso[10].

La revolución de los videojuegos llegó con la máquina recreativa (arcade) *Pong*, muy similar al *Tennis for Two*[11] pero utilizada en lugares públicos: bares, salones recreativos, aeropuertos,... El sistema fue diseñado por Al Alcorn para Nolan Bushnell en la recién fundada empresa: Atari.

En 1972 salió a la luz *Space Invaders* y cambió el sistema ya establecido, dando lugar al videojuego como industria. En años posteriores se implantaron muchos avances técnicos en los videojuegos (destacando los microprocesadores y los chips de memoria), apareciendo juegos como *Space Invaders* (Taito) o *Asteroids* (Atari) y videojuegos domésticos como el Atari 2600.

Durante los primeros años de la década de los 80 llegaron al mercado doméstico sistemas como *Oddyssey 2* (Phillips), o la *Commodore 64* (Commodore). Mientras aparecían estos sistemas domésticos, en las arcades triunfaron juegos como *Pacman* (Namco) o *Zaxxon* (Sega). El negocio asociado a esta nueva industria alcanzó en poco tiempo grandes cotas. Sin embargo, en 1983 comenzó la que se ha dado por llamar crisis del videojuego, la cual afectó principalmente a Estados Unidos y que no llegaría a su fin hasta 1985.

En el resto del mundo se apostó por las consolas domésticas con el éxito de la *Famicom* en Japón, consola lanzada por Nintendo en 1983 y conocida en Europa como *NES* (Nintendo Entertainment System). También se decantaron por los microordenadores como el *Commodore 64* o el *Spectrum* (generación de los 8 bits).

---

[10] MONTAGNA, Vincent. Op. Cit.
[11] Creado por William Higginbotham en 1958. Es un simulador de ping-pong para entretenimiento de los visitantes del Brookhaven National Laboratory.

A lo largo de la década de los 80 aparecieron nuevas consolas como la *Master System* (Sega), el *Amiga* (Commodore) y el Atari 7800 (Atari),… que gozaron de gran popularidad aparte de juegos que hoy en día son considerados clásicos como el *Tetris* de Alexey Pajitnov.

A principios de los años 90 las videoconsolas dieron un importante salto técnico gracias a la competición de la llamada "generación de 16 bits" compuesta por la Mega Drive, la Super Famicom de Nintendo ("SNES"), la PC Engine de NEC (Turbografx) y la CPS Changer de (Capcom).

Mientras tanto varias compañías comenzaron a trabajar en videojuegos con entornos tridimensionales, principalmente en el campo de los PC, obteniendo diferentes resultados tales como *Alone in the Dark*.

Rápidamente los videojuegos en 3D fueron ocupando un importante lugar en el mercado, principalmente gracias a la llamada "generación de 32 bits" (Play Station y la Sega Saturn) y la "generación de 64 bits" (Nintendo 64 y Atari jaguar). En cuanto a los PC, se crearon las aceleradoras 3D que permitían un gran salto en la capacidad gráfica de los juegos.

Por su parte las videoconsolas portátiles comenzaron su verdadero auge, tales como la Game Boy (Nintendo), la Game Gear (Sega), o la Neo Geo Pocket (SNK), aunque ninguna de ellas pudo hacerle frente a la Game Boy, siendo esta y sus descendientes (Game Boy Pocket, Game Boy Color, Game Boy Advance, Game Boy Advance SP, Game Boy Micro, Nintendo DS) las dominadoras del mercado. Este éxito de Nintendo en sus versiones portátiles se debe a que siempre se ha apostado por la jugabilidad y la capacidad técnica de sus juegos.

Hacia finales de la década de los 90 la consola más popular era la Playstation con títulos como *Final Fantasy VII* (Square), *Resident Evil* (Capcom), *Gran Turismo* (Polyphony Digital) y *Metal Gear Solid*.

Finalmente en 1998 apareció en Japón la Dreamcast (Sega), la cual llegaría a occidente en 1999 y daría comienzo a la "generación de los 128 bits". Y, en el 2000 Sony lanzó la esperada PlayStation 2.

En 2001 Microsoft entra en la industria de las consolas creando la Xbox. Además, Nintendo lanzó la siguiente consola la Gamecube, y la primera Game Boy completamente nueva desde la creación de la compañía, la Game Boy Advance. Sega se dio cuenta de que no podría competir y anunció que dejaría de evolucionar la Dreamcast.

Otras dos nuevas consolas portátiles con desarrollo técnico importante fueron lanzadas en 2004, la Nintendo DS y la PlayStation Portable (PSP). La Nintendo DS es bastante innovadora, mientras que la PSP es más potente e incluye capacidades de reproducción de algunos medios.

A finales del 2005 se dio el lanzamiento de la Xbox 360, la primera de la séptima generación de consolas de videojuegos. El año 2006 marca la continuación de lanzamientos de la nueva generación en la forma de dos nuevas consolas: la PlayStation 3 y la Wii.

Cronología de la historia de los videojuegos[12]

· 1889: Se funda Nintendo.

· 1947: Se funda Sony.

· 1971: Primer *arcade* de la historia: *Computer Space*.

· 1972: Se funda Atari, sale al mercado el juego *Pong* y la videoconsola Odissey.

· 1975: Se funda Microsoft y se comercializa Gunfight el primer videojuego basado en microprocesadores.

· 1976: Aparecen los primeros cartuchos.

· 1978: Creación del *Space Invaders* y las videoconsolas Odissey 2 y MicroVisión.

· 1980: Aparece *Pac Man*.

· 1981: Se lanza *Donkey Kong* en el que aparece Mario Bros por primera vez y se publica la primera revista estadounidense dedicada a los videojuegos, la *Electronic Games*.

· 1983: Nace el Commodore 64 y Nintendo lanza la Famicon, la primera consola de 8 bits.

· 1985: Nace *Tetris*.

· 1986: Sega lanza la Master System (8 bits) y NEC responde con la PC- Engine (16 bits).

· 1989: Aparecen la Game Boy y la MegaDrive.

· 1991: Nintendo lanza la SuperNes (16 bits), aparece Sonic y, se presenta *Street Fighter II*.

· 1994: Aparecen la SegaSaturn y la PlayStation (32 bits).

· 1996: Aparece la Nintendo 64, Nintendo lanza *Pokemon*, y, en Estados Unidos se inaugura un museo dedicado a los videojuegos.

· 1998: Sega lanza la DreamCast (128 bits).

· 2000: Sony lanza laPlayStation 2 (128 bits).

· 2001: Se lanzan la Xbox y la GameCube.

· 2004: Aparecen la Nintendo DS y la PSP.

· 2005: Microsoft lanza la Xbox 360.

· 2006: Nace la Wii.

---

[12] MONTAGNA, Vincent. Op. Cit.

Principales géneros de videojuegos[13]

A lo largo de los años han surgido diferentes tipos de videojuegos, creando lo que hoy en día llamamos los géneros, aunque cada uno de ellos, también engloba otros sub-géneros. Los principales, son los aquí explicados:

1) Acción y aventura. Videojuego en el que se controla al protagonista y se le avanza en un trama interactuando con diversos personajes y objetos. Los subgéneros son los que a continuación se relacionan con algunos ejemplos:

- Aventuras de acción: *Tomb Raider*, *The Legend of Zelda*.
- Aventuras gráficas: *Hollywood Monsters*, *Hotel Dusk*, *Monkey Island*.
- Videoaventuras: *La Abadía del Crimen*.
- Aventuras conversacionales: *Chichen Itzá* o *Zork*.

2) Disparos. En estos videojuegos el protagonista debe disparar para llegar a su objetivo. Algunos ejemplos son:

- Videojuego de disparos en primera persona (también llamado FPS): *Halo*.
- Videojuego de disparos en tercera persona: *Metal Gear Solid 4*.
- Videojuego de aventura en primera persona: *Metroid Prime*.
- Videojuego de disparos en primera persona (también llamado MMOFPS).
- Acción táctica: *Metal Gear*.
- Videojuego de disparos de desplazamiento lateral: *Metal Slug*.
- Matamarcianos[14]: *Space Invaders*.
- Sobre raíles: *The House of the Dead*.

3) Educativos. Videojuegos con el objetivo de dar a conocer al usuario algún tipo de conocimiento. Como ejemplo podemos señalar los juegos *English Training* y *Mi experto en francés*.

---

[13] BELLI, Simone, LÓPEZ RAVENTÓS, Cristian. *Breve historia de los videojuegos*. Athenea Digital n° 14, 2008. [Consultado el 24 de agosto de 2010].
[14] David Martinez lo clasifica como género, no dentro del género de los disparos.

4) Estrategia o de gestión. Se deben lograr los objetivos, utilizando para ello un grupo de personajes, objetos o datos. Según su temática podemos destacar dos grandes subgéneros: de gestión[15] (económica o social) o bélicos. Algunos ejemplos son:

- Estrategia en tiempo real: *Age of Empires*.
- Estrategia por turnos: *Civilization*.

La mayoría de ellos son videojuegos de batalla con escenarios históricos.

5) Lucha o de combate. Son videojuegos que recrean combates cuerpo a cuerpo entre los personajes controlados por jugadores o por la consola. Algunos ejemplos son:

- Uno contra uno: *Street Fighter*.
- *Beat'em up*: *Golden Axe*.
- *Free for all*: *Super Smash Bros*.

Este género es uno de los más solicitados del mundo de los videojuegos, por eso existe una larga lista de videojuegos en el mercado. El último gran éxito ha sido *Super Smash Bros. Brawl*, lanzado en el 2008 en Japón y llegando al número uno de ventas en la primera semana de su lanzamiento.

6) Survival horror. Corresponde al género de terror. El/los protagonistas deben salir libres de situaciones de una película de terror (escapar de una casa llena de zombis, huir de un asesino, resolver misterios para aplacar a los fantasmas,...). Se crean juegos muy buenos a base de terror psicológico, una buena ambientación y un apartado sonoro, parecido al de las películas. Un ejemplo importante es *Resident Evil*.

7) Plataformas. En los videojuegos de plataformas el jugador debe controlar un personaje que tiene que recorrer, saltar o escalar una serie por un escenario con enemigos, mientras se recogen objetos para poder completar el videojuego. Suelen usar desplazamiento lateral hacia la izquierda o hacia la derecha.

Es uno de los géneros más veteranos, muy conocido en los 80 y en los 90 (la popularidad de éste género ha disminuido por la introducción de los gráficos en 3D), y

---

[15] Vincent Montagna no lo engloba dentro de los juegos de estrategia.

como ejemplo podemos decir las series de *Super Mario Bros.*, *Sonic the Hedgehog* o *Megaman*.

8) Rol. Se inspiran en los juegos de rol clásicos, donde se controla a un personaje, que interpreta un papel y tiene que mejorar sus habilidades mientras interactúa con el entorno y otros personajes. Las decisiones tomadas por el personaje influyen en su futuro próximo, dando la posibilidad de ir por el bien o el mal. Los ejemplos más claros son *Final Fantasy*, *The legend of Zelda*, *Diablo*, *Kingdom Hearts*, *Harry Potter* y *Silver* o el *World of Warcraft*.

9) Musicales. Su desarrollo gira en torno a la música. Algunos ejemplos mencionables son: *Singstar*, *Guitar Hero*, *Dance Dance Revolution* y, *Bust a Groove*.

10) Party games. En este género se avanza por turnos por un tablero virtual y se debe ir superando las diversas pruebas de tipos muy distintos. El objetivo de estos juegos es la de llegar a meta el primero o conseguir el mayor número de puntos, por ejemplo *Mario Party*.

11) Simulación. Involucran al jugador en una situación simulada determinada, ya sea de gestor de un zoológico, una ciudad o una vida propia virtual. Los ejemplos más conocidos son *Los Sims* y *SimCity*.

12) Deportivo[16]. Son videojuegos basados en el mundo del deporte. Los ejemplos más conocidos son: *Super Tennis* (tenis), *Pro Evolution Soccer* (futbol), y el *NBA Live* (baloncesto).

13) Carreras. Son videojuegos en los que se pilotan diferentes vehículos, reales o ficticios, para ganar en diferentes carreras. Se pueden comentar ejemplos como el *Mario Kart* o el *Gran Turismo*.

---

[16] Vincent Montagna no entiende los juegos de carreras dentro del género deportivo.

14) Sandbox. También conocidos como acción-aventura, el jugador puede hacer lo que él quiera, como viajar libremente por el mapa del videojuego, e interactuar con casi todo lo que este a su disposición. Estos juegos son una mezcla de disparos, luchas y carreras. Algunos ejemplos pueden ser *El Padrino* o *Just Cause*.

15) Multijugador. En la mayoría de los juegos, podemos encontrar que tiene la opción de multijugador, es decir, que pueda jugar una partida con un jugador/es que controle un humano. El juego más conocido es el *Age of Empires*.

16) Géneros mixtos y nuevos géneros. La creación continua de videojuegos ha dado a menudo como resultado obras que podrían bien englobarse en más de un género incluso no pertenecer a ninguno de los ahora establecidos. Algunos ejemplos serían el *Half-Life* (FPS/aventura de acción), *Tomb Raider* (aventura de acción/plataformas/lógica), o *Koudelka* (videojuego de rol).

17) Juegos en red. Son juegos de Internet como por ejemplo *World of Warcraft*.

4.- HISTORIA DE LA MÚSICA DE VIDEOJUEGOS

La música de videojuegos se considera un género musical con derecho propio desde comienzos del siglo XXI, por la razón de que es música programada, a diferencia de la música grabada en estudio o interpretada en directo.

En los 70 es cuando los videojuegos empezaron a ser una forma de entretenimiento pero, la música se guardaba en medios físicos como los casetes y los discos de vinilo. Estos sistemas eran caros y propensos a averías, haciéndolos poco adecuados para su uso en los arcades. Un método más económico para almacenar la música en un videojuego era usar medios digitales, utilizando un microprocesador específico para generar ondas analógicas convirtiendo códigos digitales a impulsos eléctricos enviados a un altavoz. De esta misma forma se generaban los efectos sonoros.

Este avance permitió incluir la música a los juegos de arcade en los años 70, aunque ésta solía ser monofónica, cíclica o usada sólo entre fases o al comienzo de la partida, como en *Pac-Man*. Para que se incluyera la música en un videojuego tenía que ser transcrita a código por un programador, tuviese o no experiencia musical. La música elegida algunas veces era original y otras veces era de dominio público, como las canciones populares, pero los sistemas solían tener una capacidad sonora muy limitada.

En los años 80 los microprocesadores mejoraron y su precio bajó, incorporándose una nueva generación de arcades y consolas domésticas. Los primeros, estaban basados en los sistemas Motorola 68000 y los chips FM de Yamaha como generadores de sonido, permitiendo varios tonos o «canales» de sonidos simultáneos, a veces 8 o más. Las consolas domésticas también tuvieron una mejora parecida en sus capacidades sonoras. Aunque lo más notable fue el lanzamiento en Japón del Famicom en 1983 (NES) con capacidad de un total de 6 canales, uno de ellos para sonido muestreado PCM.

En 1982 salió la Commodore 64 e incluía el SID, un microprocesador capaz de producir primitivos efectos de filtrado y diferentes tipos de formas de onda. Cosechó un gran éxito por su bajo precio y por su capacidad de usar un televisor normal como pantalla.

En la segunda mitad de la década de los 80 se vivió el lanzamiento de muchísimos juegos con música compuesta por gente con más experiencia musical que anteriormente. La calidad de las composiciones mejoró, y aún quedan restos de la popularidad de la música de videojuegos de esta época. Algunos compositores que se hicieron conocidos por su música son Kōji Kondō (*Super Mario Bros., The Legend of Zelda*), Koichi Sugiyama (*Dragon Quest*) o Nobuo Uematsu (*Final Fantasy*). Hacia el final de la vida comercial de la NES, algunos cartuchos incluían un microprocesador de tonos adicionales, ampliando así el número de canales. Esto demostraba una mayor atención hacia el sonido y la música de videojuegos.

La evolución que se estaba llevando a cabo en la tecnología dio un salto con el lanzamiento de la SNES en 1991. Este sistema incorporaba un microprocesador (Sony) para la generación de sonido y para efectos DSP vía hardware. Disponía de 8 canales de sonido muestreado (16 bits) y contaba con una impresionante selección de efectos DSP incluyendo un tipo de ADSR presente normalmente en esa época sólo en los sintetizadores de gama alta, y sonido totalmente estéreo. Esto permitió la experimentación de la acústica aplicada a los videojuegos, bien como acústica musical (juegos primitivos como *Castlevania IV, F-Zero, Final Fantasy IV, Gradius III* y posteriores como *Chrono Trigger*), direccional (*Star Fox*) y espacial (el Dolby Pro-Logic) aunque también como la acústica ambiental y arquitectónica (*Zelda III, Secret of Evermore*). La única limitación real era todavía el elevado coste de la consola.

Con la Sega-CD, y con el PC Engine en Japón, se dio una evolución bastante grande a la música de videojuegos, utilizando el *streaming* (reproducir música tomado directamente del CD, sin proceso adicional), que permanece en las videoconsolas de la actualidad. El enorme aumento de capacidad que supusieron los medios de almacenamiento óptico se combinaron con el cada vez más potente hardware de generación de sonido y la mayor calidad de las muestras en las consolas de quinta generación.

En 1994, la PlayStation contaba con una unidad de CD-ROM y con 24 canales de 16 bits a una frecuencia de hasta 44,1 kHz, idéntica a la calidad del CD audio. También disponía de algunos efectos DSP por hardware como la reverberación.

La Sega Saturn, con unidad de CD, disponía de 32 canales PCM con la misma resolución que la PlayStation. En 1996 la Nintendo 64, usando aún cartuchos, contaba en realidad con un sistema de sonido integrado y escalable que era potencialmente capaz de hasta 100 canales PCM a una frecuencia de muestreo mejorada de 48 kHz. Los juegos para la Nintendo 64, debido al coste de la memoria de estado sólido, solían sin embargo tener sonido muestreado con menor calidad que las otras dos consolas, y la música tendía a ser más simple.

El formato CD fue cada vez más predominante, a pesar de la mejora que había experimentado el hardware sonoro, aprovechando la reproducción directa de sonido pregrabado. Contar con música completamente re-grabada tenía muchas ventajas: podían usarse tantos instrumentos como se quisiera en la producción en estudio, grabando una sola pista que sería reproducida durante el juego. La calidad era el único factor limitador en cuanto al esfuerzo dedicado a la grabación de la propia pista. Los costes de almacenamiento por fin comenzaron a ser más bajos. La calidad del CD audio permitieron músicas y voces realmente indistinguibles de cualquier otra fuente o género de música.

La reproducción de sonido en los PC y en los videojuegos domésticos de cuarta generación se limitaba a reproducir una pista de audio grabada en un CD mientras se jugaba (Sonic CD). El looping, era la técnica más común en la música de videojuegos, aunque suponía un problema: cuando se acababa lo grabado, comenzaba otra vez desde el principio, produciendo unos segundos de silencio hasta que volvía a comenzar.

Para solucionar las limitaciones existentes, algunos desarrolladores de juegos de PC diseñaron formatos de audio comprimido, en algunos casos para cada aplicación. Esto reducía la cantidad de información necesaria para almacenar la música en el CD, permitiendo latencias y tiempos de búsquedas mucho menores cuando se buscaba y empezaba a reproducir el sonido, haciendo posible además un looping mucho más suave. El inconveniente era que el uso de audio comprimido implicaba que había que descomprimirlo al reproducirlo, lo que aumentaba la carga de la CPU del sistema.

Los videojuegos domésticos de quinta generación también desarrollaron formatos de audio comprimido. Sony llamaría a los suyos Yellow Book y ofrecería este estándar a otras compañías. Los juegos aprovecharían esta capacidad, a veces con resultados muy bien valorados (*Castlevania: Symphony of the Night*). Aunque los juegos arcades, seguían usando la síntesis FM, a menudo gozaron de música pregrabada de mejor calidad en sus versiones para consola doméstica (*Street Fighter Alpha 2*).

Esta libertad general ofrecida a los compositores (grabar en un formato CD) equiparó la música de videojuegos con el resto de géneros populares. Un músico podía ya, sin necesidad de aprender a programar o conocer la arquitectura del sistema final, producir independientemente la música a su gusto. Esta flexibilidad sería aprovechada por músicos famosos que usarían su talento específicamente para videojuegos. Un ejemplo pionero sería el juego *Way of the Warrior*, con música de White Zombie. Un ejemplo mejor conocido sería la banda sonora de Trent Reznor para *Quake*.

Un enfoque alternativo era tomar música previamente existente no escrita expresamente para el juego y usarla, generalmente con arreglos, en el juego. Para el juego *Star Wars: X-Wing vs. TIE Fighter* y los siguientes basados en *Star Wars* se tomó música compuesta por John Williams para las películas de los años 1970 y 1980 y se usó en las bandas sonoras de los juegos.

En la actualidad ambos enfoques (usar música original expresamente escrita para el juego y usar música previamente grabada y publicada) son comunes en el desarrollo de bandas sonoras para juegos. Es frecuente que los videojuegos deportivos incluyan algunos lanzamientos recientes de artistas populares (SSX, Tony Hawk, Initial D), así como cualquier juego destinado a un amplio segmento demográfico (*Need For Speed: Underground, Grand Theft Auto*). A veces se usan ambos enfoques simultáneamente (*Dance Dance Revolution*).

La música basada en secuencias continúa usándose en los videojuegos modernos para varias aplicaciones, principalmente en los RPGs. Juegos tales como *Republic: The Revolution* (música compuesta por James Hannigan) y *Command & Conquer: Generals* (música compuesta por Bill Brown) han utilizado sofisticados sistemas de control del flujo de la música ambiental mediante la combinación de frases cortas basadas en la acción mostrada en pantalla y las elecciones más recientes del jugador. Otros juegos mezclan dinámicamente el sonido del juego a partir de las pistas proporcionadas por el entorno del mismo.

En un juego moderno, como por ejemplo *SSX*, si tu snowboarder salta en el aire tras tomar una rampa, la música se suavizará e incluso se amortiguará un poco, y el ruido del viento y del aire sonará más alto para enfatizar la sensación de estar volando. Cuando aterrices, la música retomará su volumen normal hasta el siguiente salto. La compañía LucasArts fue pionera en esta técnica de música interactiva con su sistema Imuse, usado en los primeros juegos de aventura y en los simuladores de vuelo de *Star Wars Star Wars: X-Wing* y *Star Wars: TIE Fighter*.

Algunos juegos de PlayStation soportaban la característica de cambiar el CD del juego por un CD de música, pero cuando el juego necesitaba leer datos, había que volver a cambiar el CD. Uno de los primero, *Ridge Racer*, se cargaba íntegramente en RAM, permitiendo al jugador insertar un CD de música como banda sonora durante toda la partida.

No fue hasta la llegada de las consolas de sexta generación (concretamente la Xbox), cuando la habilidad de copiar música desde un CD a su disco duro interno permitió a los jugadores utilizar su propia música más fácilmente durante las partidas. Esta característica, llamada Banda Sonora Personalizada, tenía que ser habilitada por el desarrollador de cada juego. Además, ha sido conservada en la Xbox 360.

La Xbox 360 tiene soporte para Dolby Digital, grabando y reproduciendo muestras de 16 bits a 48 kHz, soportando descompresión por hardware y hasta 256 canales simultáneos. A pesar de esta potencia y flexibilidad, ninguna de estas características ha supuesto un cambio importante en la forma en la que la música de videojuegos para la última generación de consolas domésticas se produce.

Los PC compatibles siguen confiando en el *Sound Blaster*, el principal fabricante de tarjetas de expansión de sonido y continuando el desarrollo de sus productos a buen ritmo.

El desarrollador de videojuegos tiene actualmente muchas formas de desarrollar música. Probablemente, los cambios en el proceso de creación de música para videojuegos tendrán poco que ver con la tecnología y más que ver con otros factores del desarrollo de videojuegos como un negocio integral. A medida que las ventas de la música para videojuegos se separa del propio juego pasando a ser comercializable (en Occidente, ya que en Japón los CD de música de videojuegos se comercializan desde hace años), los factores de negocio adquieren un nivel de influencia mucho mayor que anteriormente. Muchos otros factores han aumentado su influencia, como la edición del contenido, las políticas sobre ciertos niveles del desarrollo y las decisiones ejecutivas, entre otros.

La música de videojuegos como género propio[17]

Muchos de los juegos lanzados para la NES y otros sistemas antiguos presentaban un estilo parecido de música que podría ser descrito como el «género de videojuegos» en términos de composición. Algunas características de las composiciones de este género siguen influyendo sobre cierta música todavía hoy, aunque las bandas sonoras de videojuegos actuales tienden a emular las bandas sonoras cinematográficas más que este género clásico como el compositor vasco Mikel Fernández Krutzaga[18].

Las características de este género incluyen:

1)   Las canciones casi siempre tienen secciones principales o «secciones estrofa» consistentes en progresiones de acordes de cuatro o más acordes (parecido al J-Pop[19]), frente a las progresiones de dos acordes presentes en la mayoría de las canciones pop occidentales. El «estribillo» de las canciones también contienen a menudo cuatro o más acordes diferentes en sus progresiones.

2)   Las canciones presentan una fuerte sincronización entre instrumentos, de forma que sería difícil de tocar para un humano.

---

[17] LAG LÓPEZ, Nieves. *Análisis evolutivo de la música en los videojuegos*. Almería: Pivo compal, 2008.
[18] Véase anexo.
[19] Significa música pop japonesa moderna.

La música de videojuegos fuera de los videojuegos[20]

El aprecio por la música de videojuegos, sobre todo la música de la tercera y cuarta generación de las consolas, y a veces también de las posteriores, sigue hoy en día con una fuerte representación de seguidores y compositores, incluso en ausencia de los videojuegos. Las melodías y temas de hace 20 años se siguen reutilizando en las nuevas generaciones de videojuegos. Temas del *Metroid* original de Hirozaku Tanaka pueden oírse todavía en los nuevos juegos de la saga, arreglados por Kenji Yamamoto.

Las bandas sonoras de videojuegos se empezaron a vender en CD (separadas del videojuego) en Japón mucho antes que en cualquier otro país. Los discos interpretativos o variados y, las actuaciones en vivo fueron también un variante común a las bandas sonoras originales. Koichi Sugiyama fue un personaje pionero en esta práctica, y tras el lanzamiento del videojuego *Dragon Quest* en 1986, se publicó un disco de sus composiciones grabado en vivo e interpretado por la Orquesta Filarmónica de Londres (y más tarde por otras, como la Orquesta Filarmónica de Tokio y la Orquesta Sinfónica NHK). También se creó un ballet con la música creada para el videojuego. Yuzo Koshiro, también publicó una grabación en directo de la banda sonora de Actraiser.

Como las de los animes, estas bandas sonoras solían ser comercializadas exclusivamente en Japón como libros de partituras. Por esto, los jugadores no japoneses interesados en ellas tenían que importarlos a través de firmas específicamente dedicadas a ello.

---

[20] LAG LÓPEZ, Nieves. Análisis evolutivo de la música en los videojuegos. Almería: Pivo compal, 2008.

Otros compositores originales de los temas más recordados de esta época han seguido realizando conciertos sinfónicos en vivo, interpretando sus trabajos para videojuegos. Koichi Sugiyama fue otra vez el primero en realizar estos conciertos, empezando en 1987 con su Concierto de Clásicos Familiares, que ha seguido realizando casi anualmente. En 1991 también lanzó una serie titulada Conciertos Orquestales de Juegos, notable por incluir a otros dotados compositores de música para videojuegos como Yoko Kanno (*Nobunaga's Ambition, Romance of the 3 Kingdoms, Uncharted Waters*), Nobuo Uematsu (*Final Fantasy*), Keiichi Suzuki (*EarthBound*) y Kentaro Haneda (*Wizardry*). Incluso compuso en 1995 un ballet para Dragon Quest.

El 20 de agosto de 2003, por vez primera fuera de Japón, música escrita para videojuegos de todo el mundo, desde *Final Fantasy* hasta *The Legend of Zelda*, fue interpretada por una orquesta en directo, la Orquesta Sinfónica Nacional Checa, en un Concierto Sinfónico de Música de Videojuegos celebrado en Alemania. Este evento se celebró como ceremonia oficial de apertura de la mayor feria de muestras de videojuegos de Europa, la Games Convention, y se repitió en 2004, 2005 y 2006.

El 17 de noviembre de 2003, Square Enix lanzó el canal Final Fantasy Radio en America Online. Esta emisora de radio incluyó inicialmente temas completos de *Final Fantasy XI* y *Final Fantasy XI: Rise of Zilart*, y fragmentos desde *Final Fantasy VII* a *Final Fantasy X*.

El primer concierto oficial de música de *Final Fantasy* fue interpretado en Estados Unidos por la Orquesta Filarmónica de Los Ángeles en el Walt Disney Concert Hall el 10 de mayo de 2004. Todas las localidades para el concierto fueron vendidas en un solo día, y el espectáculo fue representado en varias ciudades de Estados Unidos.
El 6 de julio de 2005, la Orquesta Filarmónica de Los Ángeles también dio el concierto *Video Games Live*, financiado por dos compositores de videojuegos en el Hollywood Bowl. El concierto incluyó una amplia variedad de música de videojuegos, desde Pong a Halo 2. También incluyó vídeos en tiempo real sincronizados con la música, así como efectos especiales de luz y láser.

Cronología de la música de videojuegos

A)   1980: Sega lanza *Carnival*, el primer videojuego con música de fondo continua. Previamente, algunos juegos usaron casetes pregrabadas para la música.

B)   1983: Exidy lanza *Crossbow*, el primer videojuego con sonidos completamente digitalizados (sin música).

C)   1984: La compañía discográfica Yen lanza el primer disco con música de videojuegos de la historia, conteniendo temas de varios videojuegos de Namco, entre ellos *Pole Position, Xevious, Pac-Man* y *New Rally X*.

D)   1985: Sega lanza la System 16, una placa de arcade incluyendo el potente microprocesador Yamaha YM2151 para síntesis FM, con un chip opcional de NEC para sonido muestreado. La placas de otras compañías (Namco, Capcom, Konami) seguirían este diseño utilizando también alguna configuración con el Yamaha YM2151.

E)   1986: Game Music Organization sucede a Yen, siendo la primera discográfica importante en publicar sólo música de videojuegos.

F)   1989: Game Music Organization quiebra y Scitron le sucede. Scitron pertenecía a Pony Canyon y no mantuvo el control sobre todas las compañías de Game Music Organization: Falcom, Konami y muchos pequeños desarrolladores firmaron con King Records, y Namco usó a Victor cada vez más. La industria de la música de videojuegos, concentrada hasta entonces en Game Music Organization, empezó a esparcirse. DATAM, el sello de Polystar para música de videojuegos, se funda en este momento. KOEI creó la primera filial de grabación de música de videojuegos.

G)   1990: Se lanza la SNES, incluyendo un sistema de sonido con un DSP más avanzado que la mayoría de los de las demás consolas domésticas y los arcades (música pregrabada aparte).

H)   1993: Se lanza *Mortal Kombat II*, con el sistema DCS, que proporcionaba la música y efectos sonoros de mayor calidad del momento.

I)   1997: Se lanza para PlayStation *The Lost World: Jurassic Park*, incluyendo la primera banda sonora totalmente orquestada para un videojuego, pero el primer juego de Sakura Wars incluyó algún sonido orquestado antes que el mencionado.

J)   2001: El experto compositor de música cinematográfica Harry Gregson-Williams es contratado para componer la banda sonora de *Metal Gear Solid 2: Sons of Liberty*.

K)   2002: Los "EA Trax" aparecen en videojuegos de EA Sports por primera vez.

EJEMPLOS

Ejemplo n° 1: Super Mario Bros Show

Super Mario Bros. Super Show!²¹ es la primera serie televisiva norteamericana basada en los juegos *Super Mario Bros²²* de la marca Nintendo.

La primera y la última parte de cada episodio fueron fragmentos de comedia que mostraron a Mario ("Captain" Lou Albano) y Luigi (Danny Wells), que viven en Brooklyn (Nueva York), donde a menudo serían visitados por celebridades. Estas piezas se filmaron ante un público en vivo. Algunas de las estrellas invitadas eran celebridades de la televisión, como Nedra Volz, Norman Fell, Donna Douglas, Eve Plumb, Vanna Whiten o Jim Lange; o, atletas profesionales como Lyle Alzado, o Magic Johnson.

La serie comienza con una breve introducción y con una caricatura de unos diez minutos, y después llega la serie con personajes y situaciones basadas en los juegos de la NES (tercera generación de los videojuegos, de 8 bits. Fue creada por Nintendo y lanzada entre 1985 y 1987), *Super Mario Bros* y *Super Mario Bros 2*, así como varios efectos de sonido y músicas de los dos juegos. Esta serie narra las aventuras de después del juego de *Super Mario Bros*, después del rescate de la princesa Peach (Toadstool), con elementos tomados (situaciones y personajes) de los videojuegos de *Super Mario Bros* y *Super Mario Bros 2*.

El tema central de estos dibujos animados es que los hermanos Bros (Mario y Luigi) fueron accidentalmente enviados al Reino Champiñón mientras trabajaban en una fuga de una bañera en Brooklyn, Nueva York (EE.UU). Después de viajar a través de la fuga, derrotan a Bowser, salvan a la princesa Peach (Toadstool) y detienen el plan de Bowser para conquistar el Reino Champiñón.

---

²¹ El *opening* de la serie: http://www.youtube.com/watch?v=6K4zopg2Wa4 [Consultada el 8 de junio de 2010].
²² La música original: http://www.youtube.com/watch?v=C-KIPFBpzNY [Consultada el 10 de junio de 2010].

Los personajes que aparecen en esta serie son Mario, Luigi, Toad y la princesa Toadstool (también conocida como la princesa Peach) para defender el Reino Champiñón del villano King Koopa (también conocido como Bowser), a menudo como una parodia de la cultura actual. Bowser utiliza a menudo alter egos apropiados al tema actual que están parodiando.

Lo que voy a analizar es la apertura de esta serie para poder comprobar la relación entre los personajes (reales y los dibujos animados) y, la música que se ha versionado para esta serie, con la música real de los videojuegos originales.

Los compositores de ésta serie son Haim Saban[23] y Shuki Levy[24], productores de música y televisión, que fundaron en 1983 un estudio de televisión independiente llamado *Saban Entertainment*. La compañía es conocida por importar, doblar y adaptar series televisivas como por ejemplo *Dragon Ball Z*, *Digimon* o como este caso, el Super Mario Bros Show. Así que, a través de esa compañía, pusieron la música a la serie.

Aunque no debemos olvidar que el creador de la música de Mario Bross es Koji Kondo, junto con Nobuo Uematsu25 y Koichi Sugiyama26 uno de los más importantes compositores de bandas sonoras de videojuegos. Kondo fue contratado por Nintendo en 1983 y se encontró que su trabajo estaba limitado a cuatro instrumentos (dos canales de pulsos monofónicos, un canal de onda de triángulo monofónica, que podía ser usado como base, y un canal de ruido usado para percusión), debido al primitivo sistema de sonido del Famicom. Pero, gracias a las nuevas generaciones de consolas, sus limitaciones fueron disminuyendo.

---

[23] Haim Saban nació el 15 de octubre de 1944 en Alejandría (Egipto). Es un empresario de nacionalidad estadounidense e israelí, con participación en diversas empresas de medios de comunicación y CEO de Saban Capital Group.
[24] Shuki Levy (1948) es un compositor, productor, cineasta, escenógrafo, realizador y montador israelí-americano.
[25] Nobuo Uematsu (21 de marzo de 1959). Conocido compositor de la banda sonora de la saga *Final Fantasy*.
[26] Koichi Sugiyama (11 de abril de 1931). El padre del género y referencia obligada para compositores de bandas sonoras de videojuegos. Su obra más importante es la saga *Dragon Quest*.

Como comenta Nieves Lag López en su libro[27]: *"Kōji Kondō es uno de los pioneros en la composición de música para videojuegos. Los críticos citan como su mayor talento la habilidad de crear melodías que continúan siendo agradables y discretas aún siendo repetidas durante largos períodos de tiempo y reproducidas a través de equipos de sonido inferiores. Sus composiciones resultan generalmente memorables; un estudio comprobó que dos tercios de la población mundial reconoce el tema principal del juego Super Mario Bros., casi 20 años luego de haber sido compuesto. Sin embargo, esta familiaridad es también la causa de las mayores críticas al trabajo de Kondō: en los veinte años que lleva componiendo para videojuegos, su estilo apenas ha cambiado".*

El opening de esta serie dura aproximadamente un minuto y la canción que cantan los personajes está en inglés, aunque la pequeña introducción que hace al principio Mario (dibujo animado) está en castellano.

Este es el pequeño análisis que podemos llevar a cabo de esta introducción de la serie:

A) 0:00-0:08: Aparece Mario Bros en dibujos animados sobre un fondo azúl y nos comenta que empieza el show de Mario Bros. Los únicos sonidos que aparecen son cuando aparecen las letras y, simulan el sonido de cuando Mario golpea los bloques de monedas.

B) 0:08-0:10: Lo que suena es la canción del juego de Mario Bros de toda la vida y aparecen los protagonistas en carne y hueso bailando el ritmo de la música, encima del dibujo de Mario.

C) 0:10-0:20: Aquí suena la parte musical creada para la serie, que es el arreglo que han compuesto. Es una especie de rap, con una base rítmica. Los que cantan son los protagonistas, que cantan en inglés, que han vuelto otra vez.

---

[27] LAG LÓPEZ, Nieves. Op. Cit.

D) 0:20-0:29: Aparecen los dibujos animados que aparecerán en la serie, que son la princesa Daisy, Huesitos, y el rey Koopa. La música que suena es la de los juegos de Mario. Es un breve resumen de lo que podremos ver más adelante.

E) 0:29-0:40: Aparecen nuestros dos protagonistas rapeando otra vez, y balando al ritmo de la música. Nos presentan los personajes que van a aparecer a lo largo de la serie. Los personajes principales están sobre un fondo de dibujos animados, y son humanos Los personajes presentados son dibujos animados que salen de una puerta.

F) 0:40-0:42: Suena el sonido de Mario Bros cuando crece después de comer una seta.

G) 0:42-0:48: Suena la música de Mario Bros. Aparecen los personajes de carne y hueso corriendo por la parte de abajo, mientras los personajes de dibujos animados, vuelan en una alfombra. Además, aparecen debajo de la pantalla, algunos enemigos de nuestros personajes, como las flores que lanzan bolas de fuego o los peces que saltan del agua.

H) 0:48-0:57: Daisy le lanza una estrella amarilla a Mario y aparece su traje blanco, que significa que puede lanzar bolas de fuego mientras, suena el sonido de crecimiento. Llegan a un castillo.

I) 0:57-1:02: Aparece el fondo azul otra vez, con la cara de Mario, y, los personajes vuelan alrededor de la cara. Se mezcla la música de Mario con el final del rap mientras se marchan.

Después de analizar de esta manera el *opening*, me saltan ciertas dudas respecto a como han planteado ciertos temas originarios de los juegos.

La primera de ellas es el fondo azul que aparece con la cara de Mario al principio y final de la introducción. La explicación más lógica sería interpretarlo con la camisa azul que suele llevar Mario habitualmente debajo del buzo rojo. Pero, al ser un color fuerte a primera vista, también se entendería como para llamar la atención visualmente a algo que comienza.

Siguiendo con este ejemplo podríamos comentar el baile que hacen los protagonistas delante del monigote de Mario. Supongo que nos quieren dar a entender que al principio son de carne y hueso, hasta que descienden de la tubería para ser dibujos y, así salvar a la princesa.

Otra cosa que no llego a entender es, porque viven en Nueva York, cuando es absolutamente conocido que Mario es italiano. Los rasgos de su nacionalidad son el bigote con el que es representado y, le encanta la pasta y la pizza, típico rasgo de estereotipo italiano. Además, cada vez que dice una expresión siempre le ponen con acento italiano.

Aparece un personaje que no concuerda para nada con el original videojuego. La princesa que aparece no es la correcta. La princesa correcta sería Peach (o la princesa Toadstool), que tiene cabello rubio y un vestido rosa. En esta introducción es morena, con un vestido morado y rosa. La conclusión que he llegado es que es un híbrido entre la princesa Peach (por el vestido rosa) y la princesa Daisy (que tiene el pelo marrón y, su traje es de dos colores: amarillo y marrón por debajo).

El personaje del Rey Koopa (conocido como Bowser también) tampoco encaja porque el rey tiene forma de tortuga, con caparazón generalmente verde o rojo, aunque también puede ser de color amarillo o azul y, no es un cocodrilo.

El paisaje representado no está tan mal. Intenta dar una imagen de los mundos por los que viaja Mario para salvar a la princesa, pero, el castillo que aparece tampoco es el adecuado. Se supone, que Mario siempre llega al castillo de Bowser (bastante grande, con muchas torres, oscura) para salvar a la princesa, y, en esta introducción es un castillo bastante simple. Aunque, también se puede suponer que es el castillo de la princesa, pero, suele ser más grande, luminoso, rodeado de jardines y, no como es representado aquí.

También hay que comentar la transformación de Mario. Para que Mario se transforme, siempre come una flor, que es el que le cambia de traje y le da el poder de lanzar fuego. No le cambia de esa manera una estrella. Lo que le produce la estrella, es que le da unos segundos de inmunidad y es multicolor. Además, el sonido que aparece cuando toca la estrella no concuerda con la estrella, si no que cuando golpea un bloque.

Ese sonido de bloque tampoco concuerda, cuando aparecen las letras al principio. Lo que podemos deducir, es que Mario golpea, los bloques para que aparezcan las letras.

La música es lo siguiente en interpretar. Es bueno saber que han reutilizado tal como es la música original de los juegos. Pero han introducido un elemento nuevo, que es el rap.

Los personajes viven en Brooklyn, un vecindario tradicionalmente inmigrante y en algunos de sus barrios predominan ciertos grupos étnicos como los italo-americanos (hacia el sur). Así que podremos ubicarlos por este barrio a nuestros personajes. Pero, esto no relaciona el porque del rap en el *opening*.

En este barrio también vive una comunidad afroamericana y, están ligados estrechamente a la cultura del hip-hop. Por esto, podríamos relacionar la música que aparece en la serie. Al vivir, cercanos, ha habido una transmisión cultural, si es que los autores de la serie, quieren dar un toque realista a la serie.

Para finalizar, es preciso comentar la interacción de la música con la acción del *opening*. Primeramente, la música ayuda a las imágenes. Es decir, la música tiene un ritmo continuo, con lo que las imágenes pasan más rápidamente, conociendo los personajes y los paisajes de la serie, sin perder el hilo.

Además la música y los sonidos utilizados, son muy conocidos para los aficionados al juego original (Super Mario Bros). De esta manera pueden asociar la serie con lo vivido en los videojuegos.

Por último, señalar que la música y las imágenes están asociadas. Con esto nos referimos a que la música sirve para los cambios de planos o para presentarnos a los personajes, que bailan, andan o tocan estrellas al ritmo marcado.

Ejemplo n° 2: Capítulo de Los Simpson

El capítulo que voy a presentar es el número ocho de la decimosexta temporada llamado "La jugada desesperada de Homer y Ned"[28], escrito por Tim Long y estrenado el 6 de febrero de 2005.

Los Simpson (en inglés, *The Simpsons*) es una serie estadounidense de dibujos animados, en formato de comedia de situación, creada por Matt Groening. La serie es una sátira de la sociedad estadounidense que narra la vida y el día a día de una familia de clase media (cuyos miembros son Homer, Marge, Bart, Lisa y Maggie Simpson) que vive en un pueblo ficticio llamado Springfield.

El debut de la serie fue el 17 de diciembre de 1989 y desde entonces se han emitido 455 episodios en 21 temporadas, la última temporada estrenándose el 27 de septiembre de 2009.

Podríamos resumir este capítulo de esta manera: después de bailar en un carnaval, Homer empieza a trabajar como coreógrafo, y es contratado para animar el entretiempo de la Superbowl. Pero su problema es que no se le ocurre ninguna idea. Las estrellas invitadas en este capítulo fueron: Warren Sapp, LeBron James, Yao Ming, Michelle Kwan y Mario Bros.

No es la primera vez que aparece Mario Bros en Los Simpson. Apareció por primera vez en el capítulo 139 (Temporada siete) con Luigi y Donkey Kong haciendo de conciencia de Bart, por robar el juego de "Apocalipsis".

La escena que trabajo comienza con la aparición de Homer en su terraza sacando los cubos de basura y aparece un autobús de turistas italianos, se para enfrente de la casa de nuestro personaje y baja Mario del autobús para sacarse una foto con él. Homer se enfada y comienza a echarle los cubos de basura.

---

[28]Capítulo:http://www.elmejorocio.com/ver-video-de-humor-online-mario-bros-en-los-simpsons-1079.html [consultada el 15 de julio de 2010]

La secuencia de este apartado va así:

A)   0:00-0:02: Homer se queja de su situación personal. No hay música, solo está su voz.

B)   0:03-0:10: Llega un autobús de turistas italianos. Hablan de Homer y se acercan todos a la ventanilla del autobús. No hay música, solo se escucha la voz del conductor del autobús.

C)   0:11-0:12: Homer grita como Donkey-kong[29] (Donkey Kong es un personaje ficticio de varios videojuegos, considerado uno de los más famosos de la empresa Nintendo)

D)   0:12-0:15: Mario Bros sale del autobús, lo defiende y pide que le hagan una foto con Homer. Solo se oye hablar a Mario con supuesto acento italiano.

E)   0:15-0:17: Homer se enfada, hace los ruidos completos de Donkey-kong y, comienza a echarle los cubos de basura que están a su lado.

F)   0:17-0:19: Mario comienza a correr para escaparse de Homer enfadado. Aquí comienza lo que es la lucha entre los dos protagonistas, para ello, se ven los dibujos en una linea horizontal, como si fuera un videojuego y en 2D (dos dimensiones). Homer lanza los cubos y Mario se sube a la casa del árbol. La música es completamente de videojuego: creada a ordenador, solo un sonido, como las primeras músicas de los videojuegos. Homer sigue haciendo los ruidos de Donkey-Kong.

G)   0:19- 0:24: Mario salta del árbol, y hace un sonido de su salto, como en los videojuegos. Golpea los cubos de basura al ritmo de la música que está sonando.

---

[29] Juego de Donkey-Kong: http://www.youtube.com/watch?v=UmkhXdSC62w [Consultada el 15 de julio de 2010].

H)   0:24-0:26: Mario es atrapado por un cubo de basura y, aquí también lo hace al ritmo de la música. Aparece tumbado en el suelo con una aureola, símbolo de que ha muerto y la música desciende para acompañar lo que se representa.

Este trozo de la serie de Los Simpson lo podemos comparar con el videojuego original de Donkey-Kong. Así podemos entender ciertos gags que aparecen y, no lo entenderíamos si no supiéramos el origen de esos sonidos o, el porque de la lucha de los dos personajes.

La historia de Donkey-Kong se inició con un videojuego de Arcade del año 1981 llamado Donkey-Kong. Fue desarrollado íntegramente por Shigeru Miyamoto, creador de Mario Bros.

En él aparece un fontanero, llamado *Jumpman* (más tarde conocido como Mario), que debe rescatar a su novia Pauline (que más tarde se la conocerá como la princesa Peach) de las garras de un gorila gigante, Donkey-Kong, esquivando todos los objetos que le lanza el gorila y llegar a quitar unos tornillos amarillos para que caigan todas las plataformas y así hacer que DK caiga al vacío y rescatar definitivamente a Pauline.

Esto lo traducimos en la serie como Homer haciendo de Donkey-Kong (Homer se ha comparado en ciertas ocasiones con un mono, de ahí la asociación) luchando contra Mario y arrojándole lo que tiene más cerca, los cubos de basura. Aunque en este caso no hay ninguna princesa que salvar, pero existe una lucha entre los dos protagonistas. Esta sería la relación de la temática de la serie con el juego.

Aunque se debe criticar la calidad de los dibujos. Si se quiere hacer un Cameo del videojuego, lo deberían de hacer en las condiciones más favorables. No sirve solo poner la pantalla en modo videojuego (en 2D para ser más exactos), sino que hay que dar más realismo a los personajes. Tiene que tener todo una pinta más artificial, de ordenador, como se veían antiguamente en las consolas.

Además, cuando Mario moría no aparecía con una aureola tumbado en el suelo. Cuando perdías una vida, Mario si daba vueltas, y quedaba en el suelo, pero sin aureola. En la versión original del juego, Mario también golpea lo que le lanza Donkey-Kong con un mazo, otra semejanza que podemos asociar.

Musicalmente hablando, lo que se puede decir es que por una parte han acertado completamente. Han creado una música de ordenador, con un solo sonido y, que suena a videojuego completo. No nos olvidemos tampoco de los gritos de Homer, que emulan el sonido que hacía Donkey-kong. Además, también emulan la caída de Mario de la casa del árbol (que en los juegos, cada vez que salta o golpea hay un sonido significativo) y cuando golpea los cubos de basura que en el juego real, también la música acompaña.

Para terminar, podemos decir que tampoco es perfecta la música, aunque se parezca en algunos sentidos a la original. La música que utilizan, no es la que aparece en los juegos de Donkey-Kong, ni en las de Mario Bros. Si quieren que sea algo parecido a los juegos, la música también debería ser así, o al menos hubieran hecho una versión para que aparezca en la serie, a fin de que los espectadores hagamos una mejor asociación de lo que estamos viendo.

Ejemplo n° 3: DJ Scotch-Egg

DJ Scotch Egg (nacido como Shigeru Ishihara) es un productor japonés de música Gabba30 y Chiptune31 con sede en Brighton, Inglaterra.

Steve Glashier que es como se llama realmente, ha publicado 4 discos (el último álbum titulado *Scotch Hausen* que fue lanzado en la primavera de 2007) con el sello "música   incorrecta".

Uno de sus singles más conocidos es el "Scotch Bach" que pertenece al último disco, que está basado en la Tocata y Fuga en re menor (BMW 565) de Bach[32].

La Tocata y fuga en re menor, es una pieza de música de órgano escrita por Johann Sebastian Bach en algún momento entre 1703 y 1707. Es una de las obras más famosas del repertorio del órgano y se ha utilizado en muchos medios populares, incluyendo películas, anime, videojuegos y música rock.

La forma que le ha dado Glashier a esta obra se podría dividir de esta manera:

A)   0:00-0:13: Aparecen los músicos sentados, preparados para dar un concierto, esperando a que el director aparezca. Los colores utilizados son el blanco y el negro. La vestimenta de los músicos es de negro, y, en la camiseta tienen un dibujo en bloques, representando a una pajarita y blusa, que nos recuerda a las figuras de los videojuegos.

B)   0:13-0:20: Entra el director con esmoquin, pero un poco desaliñado. Se adecua en su sitio.

C)   0:20-0:23: El director da la entrada a la orquesta.

D)   0:23-0:28: Introducción de la obra.

E)   0:28-0:45: Presentación del tema A por parte de los solistas.

F)   0:45-0:53: Presentación del tema B por parte de los solistas.

---

[30] Gabber", es un estilo de música electrónica y un subgénero del techno hardcore. "Gabber" es una palabra del argot de Amsterdam, que significa "compañero" o"amigo".

[31] Chiptunes, es música escrita en formatos de sonido donde todos los sonidos son sintetizados en tiempo real por el chip de sonido de una videoconsola. Estrictamente hablando el chiptune se caracteriza por utilizar el chip de sonido incluido en los ordenadores de 8 bits o bien samples menores a 4 kilobytes que son loopeados en algún tracker, y utilizando envolventes de amplitud para darles forma a estos.

[32] El videoclip: http://www.youtube.com/watch?v=0iNR6V7F_0Q [Consultado el 15 de junio].

G)   0:53-1:01: Entra la orquesta. El tema A es el que se toca.

H)   1:01-1:10: El tema B tocado por la orquesta entera.

I)   1:10-1:25: Se repite otra vez el tema A.

J)   1:25-1:34: Se repite el tema B.

K)   1:34-1:39: Una chica se levanta y hace una especie de cadencia.

L)   1:39-1:54: Comienza la coda con toda la orquesta.

M)   1:54-1:58: Entran las guitarras eléctricas, dando un aire de música Heavy al concierto.

N)   1:58-2:01: Un chico se levanta y lanza una Game-boy.

O)   2:01-2:25: Es música Heavy, se levantan todos y destrozan el escenario.

Este estilo de música podríamos clasificarla dentro del nintendocore, también llamado nescore, que es un género de fusión musical, que incorpora elementos del metalcore[33] y en menor medida el post-hardcore[34], con los instrumentos que acompañan a la musica de fondo de los videos juegos de 8-bits. Se caracteriza por poseer un sonido similar a la música de los videojuegos de 8-bit y chiptunes, casi siempre combinados con otros géneros musicales, o mezclados con viejos temas de juegos de NES.

El término fue tomado en primera instancia por Nathan Winneke, vocalista de Horse The Band, banda que ha sido etiquetada como nintendocore.

De esta performance se pueden comentar varias cosas pero, comencemos con la más importante, el autor lo que quería hacer es una especie de crítica a la seriedad de lo que llamamos "música culta" y reírse de la situación. Por eso enlaza una música conocida con algo más popular como puede ser la música Heavy o los videojuegos.

---

[33] El metalcore es un género de fusión musical que incorpora elementos del hardcore punk con otros del heavy metal.
[34] El post-hardcore es un género musical derivado del hardcore punk a finales de la década de 1980 y está marcado por sus ritmos precisos y su instrumentación basada en guitarras ruidosas acompañadas por interpretaciones vocales que a menudo son cantadas con susurros y gritos.

Lo primero que se debe comentar es el color utilizado a la hora de grabar el videoclip. Los colores utilizados son el blanco y negro. Se puede deducir de ello que quería representar seriedad, desde la perspectiva de un concierto y de una música elegida, que es muy conocida e interpretada. Además, también se podría pensar que al darle ese toque oscuro, nos quiere llevar al pasado, al interpretar una obra antigua o, incluso que podría ser una ensoñación, que no es real.

La ropa que utilizan también nos quiere recrear a que son músicos de una orquesta sinfónica, pero son dibujos lo que tienen pegado. Dibujos, como bloques, representando a los primeros dibujos de los videojuegos.

La destrucción del escenario también es típico de los conciertos de rock o heavy. Al final de la versión, al hacer éste tipo de música, quería romper con el estilo serio del principio y, crear una especie de locura y, asociar la música "culta" con otro estilo de música.

Es bastante original la idea de versionar una música muy conocida, creada al ordenador en este caso, para darle un toque de videojuegos. Con esto podemos comprobar que no hay límites en estos momentos. No es una buena versión. Únicamente recoge dos temas y los repite continuamente, tocándolos a veces únicamente los solistas y otras veces éstos conjuntamente con la orquesta. Pero, no le quitemos la importancia de que es original, por crear en música de videojuego, y, la originalidad de dar "el concierto" con videojuegos, que en este caso son de Nintendo (la Game-Boy y la Game-Boy advance).

Ejemplo n° 4: Xiu Xiu: "Boy soprano"

El siguiente ejemplo que quiero presentar es del grupo estadounidense Xiu Xiu y, la canción de llama "Boy Soprano"[35].

Xiu Xiu es un nuevo grupo con el estilo musical del Indie experimental norteamericano. Nacieron como proyecto en 2000 y estableciéndose en Seattle (Washington). El grupo está liderado por el cantautor Jamie Stewart y el resto del grupo lo forman su prima, Caralee McElroy, y el percusionista experimental Ches Smith. El grupo cuenta con una gama de músicos e invitados que van rotando, provenientes, por poner un ejemplo, de combos tan ignotos como Mr Bungle, Duster, The Dead Science y Hella.

El grupo tiene, desde luego, reminiscencias del pop británico y el post-punk, el techno y la cálida improvisación del lo-fi[36].

Su videoclip de la canción "Boy Soprano" se puede analizar de esta manera:

A)   0:00-0:20: Aparece una pantalla como si fuera una pantalla de máquinas recreativas, con 2 huevos, que parece que van a eclosionar. Salen dos personas de ellas, un chico y una chica, después de que un murciélago los disparara. Musicalmente se puede decir que lo que se oye es música creada por ordenador, que solo se escucha cuando se mueven los huevos. También se oyen los disparos del murciélago.

B)   0:20-0:32: Van corriendo por el bosque. Corren y saltan al ritmo de la música que está sonando, pero, no existe ningún sonido de cuando saltan, ni de los animales que aparecen. Es música parecida al rock, y quieren emular una especie de guitarras.

---

[35] Videoclip: http://www.youtube.com/watch?v=yMXeLMH4rpo [Consultada el 11 de junio de 2010].

[36] Lo-fi es un enfoque estético de la música en donde predomina el uso de medios de grabación de baja fidelidad.

C)   0:33-0:48: Aparecen los malos, que son ardillas. Los personajes conversan, aparecen los típicos cuadros, para cuando hablan. El chico salta para luchar contra las ardillas, mientras la chica se esconde detrás de un árbol. Musicalmente hablando, se incorporan más guitarras y sonidos, que dan la impresión de emular a los sonidos de videojuegos, cuando existe una situación de peligro.

D)   0:48-0:53: Golpea a las ardillas, al ritmo de la música que está sonando.

E)   0:53-1:16: Las ardillas tumban al chico y, la chica se lanza a salvarle. Empieza a dispararles, y, los disparos son emulados por los tambores que suenan. Las mata a todas, llora por lo que está pasando, hasta que aparecen unos búhos que los llevan del lugar donde están.

F)   1:16-1:40: Aparece el estribillo con coros, música electrónica, guitarras,... Suena mucho a música de videojuegos. Durante estos segundos, tienen que saltar, para no caerse al mar. Mientras hablan y beben, aparecen dos pájaros y un tiburón queriéndose mucho, hasta que la chica es raptada por unos pájaros y el chico decide salvarla.

G)   1:40-1:51: La música es igual al principio que, cuando aparecen en el bosque. Tampoco se oye nada de sonidos de salto ni disparos, ni de animales. Encuentra a la chica, y, la salva lanzando una onda vital[37].

H)   1:51-2:02: Le ataca un tiburón al chico, mientras suben unos peces hacia arriba, y les llevan a otro lugar, que es el mar, en este caso. Musicalmente, es igual que el comienzo, con la voz del chico que está cantando.

I)   2:02-2:15: Están en el mar, nadando al ritmo de la música. No aparece ningún adversario. Conversan entre ellos.

---

[37] El Kame Hame Ha u onda vital (en España) es la más conocida técnica de combate ficticia inventada por Akira Toriyama dentro del manga y anime *Dragon Ball*. Literalmente, *Gran Ola de Corriente Tortuga* es la técnica base de la Escuela de la tortuga, creada por el personaje Kame Sen'nin. Consiste en reunir una gran cantidad de energía en las manos y soltarla de golpe.

J)   2:15-2:37: Se escucha música electrónica total, creando tensión, con silencios, es una música chirriante. Significante, del peligro que viene. Entran dentro de una ballena, que los lanza por el aire, llegan al espacio y montan en una nave espacial.

K)   2:37-3:03: Otra vez aparece el estribillo. Van Luchando contra los seres del espacio y emulan los sonidos de los disparos que lanzan. Aquí si que parece completamente un videojuego. Al final, son destruidos y caen en el mismo bosque del principio.

L)   3:03-3:25: Aparecen malheridos en el bosque intentando abrir otro huevo. La música que aparece es completamente electrónica, yendo a lo agudo, creando tensión, un preaviso de que algo va a suceder, y, es que se termina el juego.

De este videoclip se pueden comentar ciertos aspectos bastante curiosos. La primera son las reminiscencias a los videojuegos. La estética que planea desde un principio, es lo primero. Lo segundo, son por los lugares donde luchan o viajan, como se quiera llamar, son prototipos típicos de los mundos que viajan los protagonistas de los videojuegos, aunque, en este caso con cierto toque de humor, por crear una nave espacial con cabezas de jirafas.

También hay reminiscencias a *Bola de Dragón*, al lanzar la onda vital para matar a los pájaros que habían raptado a la muchacha.

Musicalmente hablando se puede comentar varias cosas. La primera es que, la música en principio no tiene nada que ver con lo que suena habitualmente en los videojuegos, pero, tiene ciertos aspectos que se podrían asemejar.

La primera conexión que existe entre la música de videojuegos y la que es interpretada por el grupo, es que es música claramente electrónica, como en muchos juegos. Aunque también es cierto que existe una letra, guitarras y batería, como un grupo normal, externo a la música de videojuegos. La segunda, es que la música está de fondo como ocurre en muchos de los juegos y no tiene nada que ver con lo que están haciendo los personajes, aunque en algunos momentos, crea tensión, con la intriga de lo que vaya a aparecer en la siguiente pantalla, como ocurre en otros muchos juegos. Esto hace que relacionemos la música de videojuegos, con lo que estamos viendo en el videoclip.

Debo comentar el desacierto de ciertos sonidos que aparecen en el video. En algunos momentos, emulan los sonidos de los disparos de la chica con la pistola, o cuando lanzan los disparos desde la nave espacial, y, en otros momentos no hay nada. Ni saltos, ni ruidos de animales, ni sonidos de cuando los hieren. No entiendo ésa utilización de los sonidos en ciertas ocasiones y, en otras no.

Por último comentar, que se entiende completamente el sentido de este video. Es una crítica al mundo que les rodea, creado con cierto sentido del humor e ironía, como podemos ver, al chico bebiendo continuamente (1:16-1:40), o cuando aparecen tres animales teniendo relaciones sexuales.

Ejemplo nº: 5: Final Fantasy

Éste es un ejemplo seleccionado para dar a conocer distintos usos que se le ha dado a la música de esta serie de videojuegos.

Final Fantasy es una saga de juegos creada por Hironobu Sakaguchi y desarrollada por Square Enix[38]. La franquicia se centra en una serie fantástica de videojuegos, también películas animadas, anime[39] o medios de comunicación impresos. La saga comenzó en 1987 con el primer videojuego (creado para salvar a Square de la bancarrota) y fue todo un éxito y permitió el desarrollo de secuelas.

Es la segunda saga de videojuegos más larga de la historia, sólo superada por *Super Mario Bros.*

El compositor de la saga de *Final Fantasy* era Nobuo Uematsu hasta que dimitió en 2004 (música utilizada en casi toda la saga). Uno de los temas más conocidos es *One Winged Angel[40]*, tema utilizado en diferentes tipos de juegos, series, o como en las Olimpiadas de Verano 2004, utilizado en un ejercicio de natación sincronizada. Nobuo Uematsu también pertenece al grupo de rock Black Mages, que ha lanzado dos álbumes con las melodías de combate de Final Fantasy. Otros compositores que han contribuido a la saga incluyen a Masashi Hamauzu y Junya Nakano.

La música de este videojuego tuvo tanto éxito que en 2004 se organizaron dos conciertos de la música de *Final Fantasy* en Japón[41]. Les siguieron la Orquesta Sinfónica de Londres y la de Alemania. En 2003, el Square Enix U.S.A. lanzó una emisora de radio de América Online dedicada a la música de la saga Final Fantasy.

---

[38] Empresa japonesa dedicada a mangas y videojuegos de rol.
[39] Dibujos animados japoneses.
[40] Melodía: http://www.youtube.com/watch?v=Yn71hIsm0U8 [Consultada el 25 de agosto de 2010].
[41] Concierto: http://www.youtube.com/watch?v=dYecLvwOiVA [Consultada el 25 de agosto de 2010].

El primer concierto de la orquesta filarmónica de Los Ángeles (EEUU) en el salón de conciertos Walt Disney el 10 de mayo de 2004 fue un rotundo éxito, creando una gira llamada *Dear Friends: Music From Final Fantasy* (Queridos Amigos: Música de Final Fantasy), que comenzó en 2005. Las bandas sonoras de Final Fantasy también se han incorporado al catálogo de música de iTunes.

Aunque se debe comentar, que hay algunos temas utilizados con frecuencia como el Preludio[42], que está basada en uno de los preludios de Bach (arpegios), o la fanfarria victoriosa[43] (música para la victoria de las batallas, utilizada en los primeros diez juegos).

Esta es la partitura del Preludio:

El compositor japonés más conocido de esta saga es Nobuo Uematsu (21 de marzo de 1959). Su estilo compositivo es variado, desde piezas sinfónicas, heavy metal o New Age. Aunque desde 2004 es Masashi Hamauzu (20 de septiembre de 1971 en Múnich, Alemania) quien se encarga de las composiciones de la saga, siendo su primer juego en 2001 (*Final Fantasy X*) junto Nobuo Uematsu y Junya Nakano. La música de este señor recuerda a la de Chopin y Debussy entre otros compositores.

Final Fantasy XIII fue publicado para PlayStation 3 en Japón el 17 de diciembre de 2009, y en el resto del mundo el 9 de marzo de 2010 para PlayStation 3 y Xbox 360. *Final Fantasy XIII* es el título estrella de la colección Fabula Nova Crystallis[44] de Final Fantasy y primer juego de Square Enix que utiliza el motor Crystal Tools[45].

---

[42] Preludio: http://www.youtube.com/watch?v=Hg3xlQDMzws [Consultada el 23 de agosto de 2010].
[43] Fanfarria victoriosa: http://www.youtube.com/watch?v=i85iMapeTfs [Consultada el 23 de agosto de 2010].
[44] Significa *La nueva Fábula del cristal*, son juegos relacionados con *Final Fantasy XIII*. El tema central son los cristales de poder.
[45] Motor gráfico diseñado por Square Enix para los videojuegos de la séptima generación.

Sus escenarios son futuristas y naturales, ya que la historia se desarrolla entre una tierra desértica y un mundo de alta tecnología por encima de ella.

En el videoclip promocional de este juego aparece el single *My Hands*[46], sustituyendo a *Kimi ga Iru Kara*[47], de la japonesa Sayuri Sugawa. Esta nueva canción es de la cantante de R&B, Leona Louise Lewis (Londres; 3 de abril de 1985) ganadora de la tercera edición de Factor X de Inglaterra (canción publicada en su disco *Echo*).

Con toda ésta información, lo que he querido es demostrar el objetivo principal de mi trabajo: dar a conocer un uso externo de la música de los videojuegos, pero, he abierto éste campo porque he podido ampliar las conclusiones con nueva información. Se pueden resumir de la siguiente manera:

1) Como se ha explicado anteriormente, he comprobado la educación musical de Nobuo Uematsu y su interés hacia nuevos estilos. Con ello, conoce la composición de Bach y, la ha utilizado para crear una nueva melodía. Quiero dar a entender la influencia de compositores clásicos en los nuevos estilos musicales.

2) Mi objetivo principal es la de dar a conocer nuevas vías musicales de la música de videojuegos y, lo he demostrado con este ejemplo. Se han indicado los conciertos que se han llevado a cabo, incluso emisoras de radio y CDs de música.

---

[46] Videoclip Europeo: http://www.youtube.com/watch?v=eJPbozRomX4 [Consultada el 20 de agosto de 2010].
[47] Videoclip de Japón: http://www.youtube.com/watch?v=TUeb3a4c4l4[Consultada el 20 de agosto de 2010].

3) Es cierto que se ha creado buena música para la saga de videojuegos (que incluso se ha utilizado en diferentes ocasiones), sus melodías son reconocidas por sus seguidores durante años, pero, para la promoción de un nuevo juego, se ha utilizado otro estilo de música (Leona Lewis). Por una parte, es un acierto, Leona Lewis es conocida y, su música nos puede llegar antes, lo recibiremos con otra perspectiva. Además para la gente que no es adicta a los juegos, llama la atención, porque no oye los típicos sonidos de consolas y, en un primer momento no relaciona la música con el contenido del anuncio. Pero, por otra parte, esto rechaza las buenas composiciones que hemos tenido en anuncios anteriores.

La conclusión que puedo llegar a tener es que se ha utilizado esa canción por marketing, bien para promocionar el nuevo disco de Leona Lewis y, el nuevo juego de *Final Fantasy*, que utilizando una cantante conocida, puede llegar a nuevos sectores de la población.

Ejemplo n° 6: La Champion vuelve a casa/ Desafío Champion

La Televisión Española (TVE) puso en marcha ciertas promociones de la Champios League 2009 que fueron bastante curiosas.

La empresa que se encargó de llevar a acabo estas promociones, se llama "Kotoc", creada en enero del 2006 en Barcelona. Crean identidades corporativas para canales y programas de TV, spots, animación 3d o stopmotion,... Normalmente colaboran con canales como TVC, Cuatro, o La Sexta. Aunque también se dedican a hacer proyectos propios que, gracias a ellos, cuentan con una nominación a los Goya como mejor corto de animación[48].

Ésta empresa ha sido la creadora de la animación y de la música para estos anuncios.

La evolución del primer anuncio (La Champion vuelve a casa) se podría resumir de esta manera (0:18)[49]:

1) 0:00-0:11: Aparece un rayo en medio de un estadio y crea un estadio de futbol, dentro de una circo romano. Es un ambiente oscuro y no aparece ningún personaje. Musicalmente hablando se puede decir que es una música instrumental de instrumentos graves (parecen instrumentos de viento) y percusiones. Lo que están creando es tensión musical, acontecimiento de que algo llega. Comentar también los sonidos y ruidos que aparecen como los de la piedra cayendo, truenos,...

2) 0:12-0:18: Aparece un personaje varón, vestido como un gladiador que se dirige al campo con una pelota y lanza. Hay un cambio de de música. Es una música mucho más orquestada, enérgica y rítmica dando la llegada a lo que se estaba esperando en todo el anuncio.

---

[48] Página web oficial de la empresa creadora: http://www.kotoc-produccions.com
[49] El anuncio del fútbol: http://www.youtube.com/watch?v=TBX7Bp9-0V8 [Consultado el 27 de agosto de 2010].

El segundo anuncio[50] relacionado con el tema fue la titulada "Desafío Champion" (0:28) que es la continuación de la explicada anteriormente, se puede resumir de esta manera:

1) 0:00-0:23: El mismo personaje explicado anteriormente, entra en el terreno de juego con el balón y esquiva otros jugadores/gladiadores. La música que aparece es instrumental y vocal pero no es como la anterior. También aparecen sonidos ajenos a la música, como la respiración del jugador, las caídas o el chute del balón.

2) 0:23-0:28: El personaje ha marcado un gol y aparece en la misma pose que en el anuncio anterior, mientras una voz (masculina) anuncia de fondo la champions en TVE 1. Musicalmente hablando también es igual que los últimos segundos del anuncio anterior.

La primera pregunta que debería contestar es el significado del escenario elegido. Un rayo que viene del cielo crea un o reconstruye un coliseo. Nos puede dar a entender que un Dios de la Antigua Roma manda un rayo para que se construya el Coliseo. Comparando con los videojuegos, podemos decir que si existen juegos (*Civilization Revolution*[51] por ejemplo) donde hay presencia de los dioses en la tierra.

Pero al ver el personaje, que esperamos que sea un gladiador, resulta ser un hombre, con lanza y capucha, completamente semejante al juego de *Assasin's Creed*[52]. El personaje (asesino, luchando contra de los templarios) es posterior a la idea de gladiadores luchando contra leones en un circo romano.

No nos olvidemos tampoco de la competición futbolística que se crea en el segundo video. De este corto video podemos deducir que si han querido demostrar la competición que se creaba en los coliseos antiguamente, una lucha para que sobreviva el mejor. Pero claro está, es que no entendían el futbol, como nosotros lo comprendemos hoy en día.

---

[50] El siguiente anuncio: http://www.youtube.com/watch?v=Se0d_O1hQiA [Consultado el 27 de agosto de 2010].
[51] Juego de estrategia por turnos. Comercializado en 2008 para diferentes videoconsolas.
[52] Juego lanzado en el 2008. Es un videojuego de acción y aventura, ambientado en La Edad Media.

Las imágenes si se pueden comparar con las imágenes para un videojuego. Podemos comparar la técnica de dibujo con *Assasin's Creed*. Es un escenario muy logrado, oscuro y con unos detalles bastante interesantes, que se pueden asemejar con los juegos que han sido publicados recientemente, sobre todo en la PlayStation o la Xbox (Microsoft).

Musicalmente hablando, tenemos dos melodías distintas para cada video. Es cierto que son una continuación (acaban de sacar un tercer anuncio, siguiendo esta línea), pero no tienen ninguna línea musical, excepto los acordes finales, mientras aparecen las letras de la *Champions League*. Se puede comprender de esta idea, que son dos anuncios distintos, aunque uno siga al otro y terminen igual.

Las melodías son unas líneas sencillas con un ritmo vivo. En todo momento se está jugando o creando un escenario, con lo que la música debe acompañar, para dar un efecto de que se va hacia adelante.

Los últimos acordes son los mismos para los dos anuncios. Una música donde todos los sonidos van en bloque, con un ritmo más vivo y con un matiz fuerte. Son los últimos segundos de los anuncios, donde se indica que es sobre la *Champions League*. Además, es el personaje quien mira hacia el coliseo, y, se quiere dar un ímpetu al desafío que se le plantea en el terreno de juego.

También se debe decir que la música, quiere imitar un estilo orquestal con sonidos (piedras rompiéndose,…) para dar más realismo a la historia que nos están contando. Es una idea que en muchos anuncios no se lleva a cabo. Esta idea de música nos lleva a pensar en juegos como *Final Fantasy*, realmente.

Aunque se debe decir también que, la música está sin lugar a dudas, de relleno. Enfatiza los movimientos de la construcción, los movimientos de los jugadores o las letras del final. Los sonidos son los únicos que acompañan a lo que se ve. Esta idea de acompañamiento, no es algo novedoso, sino que ocurre en la mayoría de los juegos, y no solo en ellos, sino que también se observa en el cine o en los anuncios publicitarios.

Para terminar, se puede resumir en la idea de que los creadores, conocen la técnica de los videojuegos, y para ello nos recrea la imagen de esa manera, con esos colores o, personajes que nos recuerden a algún personaje existente. La idea musical es buena, aunque hoy en día se sigan creando muchas músicas a través del ordenador.

Ejemplo n° 7: Red Hot Chili Peppers: *Californication*

La canción *Californication*[53] de los Red Hot Chili Peppers es el siguiente ejemplo elegido para analizar la relación entre imagen y música.

Red Hot Chili Peppers es un grupo estadounidense fundado en 1983 (California) por Anthony Kiedis (vocalista), John Frusciante (guitarrista), Michael "Flea" Balzary (bajista), Chad Smith (bateria). El estilo musical de la banda varía entre el funk tradicional[54] fusionado con otros géneros como el rap, alternativo[55], punk rock[56] y rock psicodélico[57].

Californication (*Californication*, 8 de junio de 1999) es el cuarto single de su álbum de mismo nombre. Es uno de los temas más conocidos de la banda, y se toca en casi todos sus conciertos. Es reconocido por la mezcla de guitarra y bajo en su introducción y, por su video musical.

La letra trata sobre el lado oscuro de Hollywood. Hace referencia al deterioro de la sociedad occidental, temas como la pornografía y la cirugía plástica, incluso a elementos de la cultura pop como Star Wars, Star Trek,...

Californication es un vídeo que toma la forma de videojuego desde el punto de vista del jugador, donde al comienzo se muestra una pantalla de selección de personajes, pudiendo elegir a los cuatro integrantes de la banda (John Frusciante comienza en Hollywood entre celebridades; Chad Smith hace snowboard en una colina; Anthony Kiedis empieza nadando en un océano entre tiburones y atrapa un asterisco y; Flea trata de obtener un asterisco, pero un oso lo está protegiendo y no puede pasar para agarrarlo).

---

[53] El videoclip: http://www.youtube.com/watch?v=YlUKcNNmywk [consultado el 1 de agosto de 2010]
[54] Género musical nacido en los 70 en Estados Unidos. Una evolución de elementos de Soul, Jazz y Rumba.
[55] La música alternativa engloba los tipos de música que se contraponen a lo establecido alejándose de la música comercial. Entre los subgéneros destacan el rock alternativo, el grunge o el Indie.
[56] El punk es derivado del rock que surgió en los 70. Tienen actitud independiente y amateur. Es un tipo de rock sencillo, con melodías sencillas, pocos instrumentos y un tempo rápido.
[57] Estilo de rock que intenta evocar una experiencia asociada a las drogas. Sus antecedentes son el rock, el jazz, el folk, el pop,...

El videoclip de 5 minutos y 20 segundos, bastante largo para lo que suele ser habitualmente (entre los 3 minutos y los 4), se puede resumir de esta manera:

A)   0:00-0:04: Aparecen las típicas letras del comienzo de un juego ("loading"), sin música.

B)   0:04-0:24: Es el comienzo del juego donde se debe elegir al personaje. Los instrumentos que suenan son las guitarras y la batería.

C)   0:24-0:33: Un personaje corre por la calle esquivando a la gente con la que se cruza hasta conseguir la estrella. Cuando coge la estrella aparecen los músicos reales. En este apartado es cuando aparece la voz.

D)   0:33-0:45: Solo aparece el cantante con el guitarrista en un cielo con nubes.

E)   0:45-1:09: Aparece un nuevo personaje haciendo snowboard y cae en un tren.

F)   1:09-1:25: El personaje nada en el mar, esquivando a los tiburones, hasta que consigue coger la estrella.

G)   1:25-1:38: Aparecen todos los músicos en un desierto y comienza el estribillo.

H)   1:38-1:45: Acaba el estribillo mientras el cantante hace surfing encima de un tiburón.

I)   1:45-2:14: Otro personaje corre por el bosque en busca de la estrella, pero no puede atraparla, un oso lo protege. Comienza la misma melodía que antes, pero con distinta letra.

J)   2:14-3:03: Siguiendo la melodía, tres personajes distintos son los que aparecen: corriendo por un estudio de cine, con un patinete encima de un puente y, conduciendo un coche azul.

K)   3:03-3:23: Comienza el estribillo. Aparecen todos los músicos otra vez, pero cambia rápidamente al escenario de la carretera con el coche azul.

L)   3:23-4:13: Solo suena música instrumental mientras vuelan por la ciudad.

M)   4:13-4:30: Aparecen los músicos cantando en el desierto.

N)   4:30-4:57: Corren por la ciudad esquivando todo tipo de objetos y personas.

O)   4:57-5:19: Comienza el estribillo mientras los personajes caen por un agujero, tocan un cubo y se convierten en personas reales, aunque siguen en el mundo del juego.

P)   5:19-5:20: Aparecen letras como en el comienzo, que pregunta si se quiere seguir jugando ("game over" y "next game", respectivamente).

De este ejemplo podemos llegar a una conclusión bastante clara: imagen y música concuerdan. La mayor parte del clip está construido sobre un fondo de videojuegos, demostrando además diferentes tipos de juegos, deportivos (surf o snowboard) o de coches por ejemplo (conduciendo por una carretera con un coche azul), poniendo la puntuación conseguida o, demostrando que la finalidad del juego es conseguir las estrellas. Con esto, se afirma la influencia de los juegos en los videoclips.

Musicalmente hablando, es que el grupo ha utilizado la estética de los videojuegos para promocionar esa canción. Es una melodía preexistente y es la imagen la que se adapta. Aunque, no hay que negar la evidencia: la influencia de la imagen del videojuego ha llegado a otros medios como en este videoclip.

Sin embargo, podían haber incluido sonidos típicos de un videojuego (como los saltos, el ruido del coche,...) creados por ordenador, para darle más realismo o hacer una fusión con sus melodías y música de 8 bits.

6- CONCLUSIONES

Después de analizar estos ejemplos, y compararlos con los objetivos iniciales, se puede confirmar la influencia de los videojuegos, en otros medios audiovisuales, llegando a series, grupos conocidos creando nuevos estilos musicales o inspirando a dj´s como Scocht- Egg.

Mi primer objetivo era conocer la evolución de los videojuegos, desde su creación para conocer sus mejoras a lo largo de los años. Para ello, he utilizado la bibliografía, que me ha aclarado el origen del videojuego y sus mejoras posteriores. La información me ha facilitado la comprensión de las nuevas técnicas que se han ido instalando en las consolas, los géneros que existen y, poder ordenar todas las generaciones hasta ahora.

El segundo objetivo era la de analizar la historia de la música de los videojuegos, para comprender la evolución que ha tenido durante todos estos años. Se afirma, que sin las mejoras de las consolas, no evoluciona la música ni sus sistemas de grabación. Pero, si se ha llegado a un buen nivel, ha sido gracias a los compositores que empezaron a componer con un nivel educativo musical y, comnzaron a crear nuevas melodías con distintos métodos compositivos, como armonías más complicadas o utilización de instrumentos.

Siguiendo con los objetivos, se han elegido series de televisión, videoclips y anuncios televisivos, para comprobar la utilización de la música en distintos medios y poder llegar a diferentes conclusiones.

La primera influencia lógicamente ha sido la estética de los videojuegos, la imagen y los colores.

Por lo que observamos en los ejemplos, éstos son llamativos, por intentar imitar a esos juegos iniciales que eran en color, tan simples, que se veía a la legua que estaban creados a base de cuadraditos, como podemos ver por ejemplo, en el fondo del grupo Xiu Xiu o el amago de camisas de la "semi-orquesta" de Scocht- Bach. Aunque no siempre es logrado, como podemos ver en el capítulo de Los Simpson (que no cambian de forma en la lucha) o en la serie de Mario Bros, donde hay fallos en la creación de ciertos personajes principales.

Los colores utilizados también dan que hablar. En los únicos que consiguen acertar, es en el show de Mario Bros, que lógicamente al contar la historia de los juegos, tendría que mantener cierta estética y, también en el videoclip del grupo Xiu Xiu, que se asemeja bastante, porque ellos han querido dar esa imagen, básicamente.

Musicalmente hablando podemos llegar a varias conclusiones sobre la influencia de los videos presentados.

Primeramente, la creación de varios estilos relacionados con los videojuegos, llamados Nintendocore o Chiptune, que es lo que crea el dj Scotch.

Comentar también, que en todos los ejemplos presentados, la relación que podemos encontrar es que todo es música electrónica, creada por ordenador aunque, en la serie de Mario Bros se relaciona, con el rap. Sin embargo, en la Nintendocore, también se puede mezclar con guitarras eléctricas, creando así una nueva especie de música Heavy, comprobando de esta manera, que se pueden mezclar ideas, y, crear nuevos estilos.

Respecto a la relación música y texto de estos videoclips, podemos comprobar que la música cumple tres funciones muy claras. Es una música explicativa, que acompaña al mensaje de lo que vemos, como en los ejemplos de *Super Mario Bros Show* o en el clip del grupo *Xiu Xiu*, o, es simplemente una música que está de fondo, de relleno, como en el caso del capítulo de *Los Simpson*.

Lo que está claro, para terminar, es que en todas las ocasiones, de una forma u otra es la música la que aporta nuevas versiones y, en otras es la imagen la que aporta nuevas ideas.

6- BIBLIOGRAFIA

Bibliografía general

1) JENKINS, Henry. *Fans, bloggeros y videojuegos: la cultura de la colaboración*. Barcelona: Paidos Iberica, 2009.

   Libro elegido para ver la influencia entre los distintos medios audiovisuales para poder ejemplos para la investigación, pero, no entra mucho en la materia de los videojuegos. Es un libro de lectura fácil, pero bastante simple, no explica temas novedosos.

2) TEJEIRO SALGUEDO, Ricardo. *Los videojuegos: qué son y cómo nos afectan*. Barcelona: Ariel, 2003.

   Este libro trata sobre los supuestos efectos secundarios que pueden producir el exceso de juego en la gente joven. Libro escogido pensando, que iba a tratar sobre que son los videojuegos y, que efectos iban a tener para nuevas creaciones de videojuegos.

Análisis de videojuegos

1) DÍEZ, Enrique Javier. *Guía didáctica para el análisis de los videojuegos*. CIDE: Madrid, 2004.

   Es una programación para la escuela, con actividades de diversos tipos para poder relacionarlas con otras materias y así, suplir todos los objetivos básicos.

2) THOMPSON, Jin. *Videojuegos. Manual para diseñadores gráficos.* Barcelona: Editorial Gustavo Gil, 2008.

Libro sobre el diseño de los videojuegos empezando por la trama del juego pasando por los personajes y acabado con direcciones de Internet para ayudar a crear un nuevo juego. El libro consta de cuatro páginas dedicadas a la creación de música por ordenador.

Historia de los videojuegos

1) DE MARÍA, Rusel. *High score: La historia ilustrada de los videojuegos.* Aravaca: McGraw-Hill, 2002.

Libro dedicado a la historia de los videojuegos de boca de los mismos creadores de los videojuegos con retrospectiva ilustrada.

2) MARTINEZ, David. *De Super Mario a Lara Croft: La historia oculta de los videojuegos.* Palma de Mallorca: Dolmen editorial, 2004.

Historia de los videojuegos básicamente. Entretenido y de fácil lectura. El libro que más ha esclarecido sobre los videojuegos.

3) MONTAGNA, Vincent. *Videojuegos. Una nueva forma de cultura.* Barcelona: Ediciones Robinbook, 2008.

Libro bastante simple sobre la historia de los videojuegos, ilustrada y con una escasa bibliografía.

Música y videojuegos

1) ARACIL, Alfredo. "Música y efectos sonoros en los videojuegos. Apuntes sobre la pérdida de su identidad". *La música en los medios audiovisuales* (2005); pp. 267-282.

Nos habla sobre la historia de los videojuegos y sobre la relación de música y cine, con un apéndice al final (fotografías de videojuegos).

2) ILARDI, Emiliano. "Dj-Pacman: el influjo de los videojuegos sobre la música techno". *Comunicación y música* II (2008), pp.95-107.

Artículo escrito relacionando la música de videojuegos, con la música electrónica, y, ciertas ideas para que vayan las dos ideas, por una misma línea.

3) LAG LÓPEZ, Nieves. *Análisis evolutivo de la música en el videojuego*. Almería: Pivo compal, 2008.

Libro muy simple, en definitiva. No profundiza en la materia, y, menos el apartado de los músicos, el libro entero está copiado en Wikipedia. Tiene una bibliografía escasa.

4) MONTERO, Julio. "Pautas compositivas en los videojuegos del siglo XXI". *Reflexiones en torno a la música y la imagen desde la musicología española* (2009), pp. 585-598.

Trata sobre la música de videojuegos y el sinfónico sobre todo. La bibliografía es inexistente.

5) SEGURA CARRILLO, Victor. *Música y Fx para videojuegos y retoque profesional del sonido*. Madrid: Prensa técnica, 1999.

Libro bastante explícito para crear música a través del ordenador, un poco difícil de entender por palabras técnicas que se utilizan.

Internet

1) www.videotopia.com/games.com [consultada el 12 de junio de 2010]

Historia de los videojuegos con ilustraciones en inglés.

2) www.videotopia.com/games2.com [consultada el 12 de junio de 2010]

Historia de los videojuegos con ilustraciones en inglés, que sigue a lo anterior.

3) www.mirsoft.info [consultada el 12 de junio de 2010]

Página dedicada a los videojuegos. Incluye historia, fotos, música de videojuegos...

4) http://www.upf.edu/materials/depeca/formats/arti2_esp.htm [consultada el 12 de junio de 2010]

Artículo extenso sobre la creación de los videojuegos y, sobre todo de la historia de los videojuegos con notas bastante interesantes.

5) http://www.icono14.net/revista/num8/articulos/05.pdf [consultada el 12 de junio de 2010].

Artículo escrito por Daniel López, sobre la historia de los videojuegos. Muy fácil de leer, pero bastante pobre y simple. Aunque tiene una buena bibliografía.

6) BELLI, Simone, LÓPEZ RAVENTÓS, Cristian. *Breve historia de los videojuegos*. Athenea Digital n° 14, 2008. [Consultado el 24 de agosto de 2010].

Una breve historia del videojuego, con los géneros y ejemplos.

<u>Bibliografía pendiente de consulta</u>

<u>A) Análisis de videojuegos:</u>

1) CARRASCO, Rafael. "Propuesta de tipología básica de los videojuegos de Pc y consola". *Revista de comunicación y nuevas tecnologías* VII (2006), pp. 1-11.

2) FERNÁNDEZ LOBO, Iván. "Herramientas para la creación de videojuegos". *Comunicación y pedagogía: Nuevas tecnologías y recursos didácticos* (2004), pp.71-77.

3) ROCA CHILLIDA, J.M. "El sector audiovisual y el proceso de los multimedia". *Economía industrial* CCCIII (1995), pp. 147-155.

4) *Videojuegos, estudio y análisis.* Direcció General de Comerci i Consum.

<u>B) Historia de los videojuegos:</u>

5) *La pequeña gran historia de los videojuegos.* Micromania. Hobby Press, 1997.

6) HERNÁNDEZ ARGÜELLES, Cesar. *Breve historia del videojuego.* Madrid: A. Madrid Vicente ediciones, 1998.

7) VIVANCOS BERMEJO, Daniel. *Historia y evolución de la industria de los videojuegos.* Facultat de Comunicació Blanquerna.

C) Música de videojuegos:

8) COLLINS, Karen. *From Pac-man to pop-music*. Ashgate Pub Co.

9) COLLINS, Karen. *Game sound: an introduction to the history, theory and practise of video game and sound design*. Londres: MIT Press, 2008.

ANEXO

BEGIRA

BANDAS SONORAS PARA VIDEOJUEGOS >

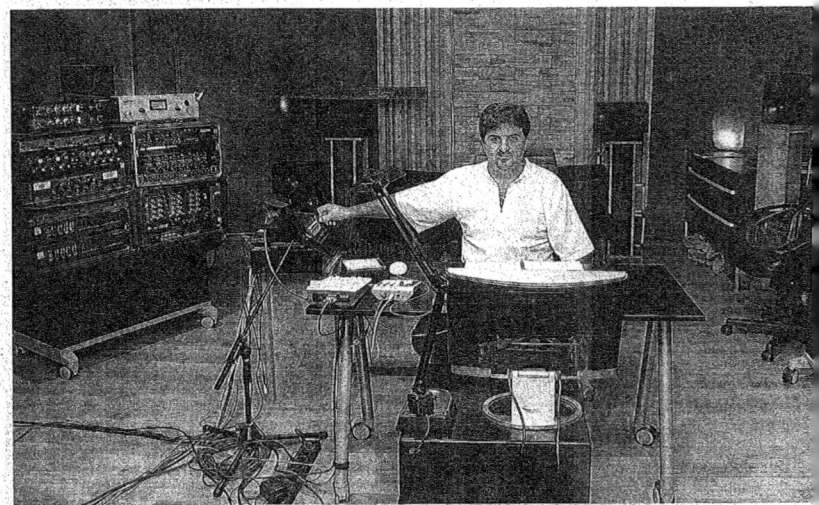

Mikel Fernández Krutzaga, en su estudio de Amezketa donde mezcla los temas antes de que el público los pueda disfrutar. FOTO: JOSÉ SANPEDRO

Música vasca para la Play Station

▶ El productor gernikarra Mikel Fernández Krutzaga ha participado en la banda sonora de un videojuego ▶ Más de 130 personas trabajaron en la grabación de la nueva versión de 'Castlevania'

JOANA PÉREZ
AMEZKETA

U N año mágico se cerrará para Mikel Fernández Krutzaga este próximo otoño cuando el videojuego *Castlevania, Lords of the Shadows* vea la luz en las estanterías de las tiendas especializadas. Esta nueva versión para Play Station 3 (en) dirá el granito de arena vasco en su producción ya que Fernández Krutzaga ha participado en la elaboración de la banda sonora del juego. Para este gernikarra de 39 años embarcarse en la aventura de dar ritmo musical a los personajes imaginarios de la pantalla no supuso ningún problema. "Es la primera vez y la experiencia ha sido muy buena", asegura.

Con una larga trayectoria en el mundo de las bandas sonoras, este ingeniero de sonido aplica su saber y su técnica a la música, siendo un productor musical con grandes éxi-

tos a sus espaldas. *Silencio roto*, de Montxo Armendariz, *La carta esférica*, de Imanol Uribe, o *Luna de Avellaneda* de Juan José Campanella, el director que en la pasada edición de los Oscar se alzó con el premio a la mejor película de habla no inglesa por *El secreto de sus ojos*, figuran entre los trabajos en los que Fernández Krutzaga ha tomado parte. Uno de los últimos es *Daisy-Cutter. La cortadora de margaritas*, un cortometraje rodado en 3D y que se incluye en el catálogo de Kimuak de este año.

Un día recibió una llamada de teléfono que le abrió nuevos caminos por los que extender su buen hacer con el sonido. A Oscar Araujo, compositor de la banda sonora de *Castlevania, Lords of the Shadows*, se le ocurrió que podría ser una buena idea contar con Mikel para redondear una composición musical que sorprenda a todo aquel que la escuche. Con un ritmo trepidante y sin perderse ni un ápice de la

■ EL PROTAGONISTA

CARNÉ DE IDENTIDAD
● **Edad.** 39 años.
● **Lugar de nacimiento.** Gernika.
● **Carrera profesional.** Mikel Fernández Krutzaga se ha curtido en la producción musical con discos de Benito Lertxundi, Mikel Urdangarin u Oreka TX y en la elaboración de bandas sonoras. Ha colaborado con grandes directores de cine como Montxo Armendariz, en 'Silencio roto', o Juan José Campanella en 'Luna de Avellaneda'. Además, ha finalizado su participación en el corto de animación 3D → 'Daisy-Cutter. La cortadora de margaritas', incluida en el catálogo Kimuak.

historia que cuenta el videojuego, la música traslada a la persona que está frente a la pantalla a un mundo paralelo. "Hicimos primero el anuncio de cuatro minutos para internet y, a raíz de ahí, hicimos todo el diseño", cuenta Mikel.

Escondido bajo las notas se encuentra un trabajo que se resume en tres horas de música. Unas 130 personas, sólo entre músicos y coro, fueron los encargados de trasladar la partitura a las pistas de grabación para que quedaran inmortalizadas. "Han sido unos 80 músicos y un coro de 60 personas. Decidimos ir a grabar a Bratislava (Eslovaquia) porque propuse hacerlo en dos tandas porque era demasiado para una sola grabación", explica el productor musical. La primera llegó a finales de diciembre del año pasado y, en abril, se puso la guinda con la segunda.

Con una orquesta tan grande la variedad de instrumentos fue muy amplia. "Es todo sinfónico. Están

los instrumentos de cuerda como violines, chelos y contrabajos. También flautas, clarinetes, oboe, fagot, trompas, trompetas, trombones, tuba, percusión, y el coro", detalla. Pero después de la grabación todavía quedaba trabajo por hacer. "Tras cada tanda yo mezclaba las pistas. Y es mucho trabajo porque cada persona era una pista diferente", apunta.

Para redondear este proyecto culminado con ritmo, Mikel le propuso a su mentor, Oscar Araujo, volar hasta Los Angeles para tener las más avanzadas técnicas con las que cerrar su composición. "Son los que están haciendo las últimas producciones como *Avatar*. Me parecía interesante para este detalle final donde se pasa la música del videojuego a un CD para escucharlo en casa", afirma Fernández Krutzaga, quien matiza que "la música ya estaba insertada pero la compañía quiso hacer un CD para venderlo como tal".

Quincena Musical donostiarra. La Orquesta Nacional de Rusia desembarca este fin de semana en el Auditorio Kursaal, bajo la dirección de Mikhail Pletnev. P.52

BANDAS SONORAS PARA VIDEOJUEGOS

"El premio reafirmó mi trabajo"

El productor obtuvo un Grammy en 2004 por su trabajo en 'K' de Kepa Junkera

J. PÉREZ
AMEZKETA

LA primera pregunta viene a la mente. ¿Cómo un ingeniero termina siendo un productor musical de éxito? Para Mikel Fernández Krutzaga la respuesta es muy sencilla. "El trabajo de ingeniero es el que se dedica a la parte más técnica, la parte de diseñar el sonido, cómo grabarlo, en qué situaciones. Y, para ello, tienes unos recursos técnicos", expone Mikel. Pero, a la vez, destaca que su trabajo como producción musical "es un poco lo mismo pero englobando la parte musical. Piensas: a esto le vendría bien una batería de este estilo, unas guitarras, una trompeta...".

Además, para reforzar esa idea señala que "hoy en día, el ingeniero es el productor porque tienes todos los elementos en la mano. Te viene un artista y te dice: He escuchado el disco de Coldplay, me gustaría que fuera un poquito en esta onda. Entonces lo puedes analizar desde más puntos. Musicalmente, está hecho de esta forma y técnicamente, de esta forma. Voy a intentar conseguir que tenga ese tipo de clima y, a veces, es más fácil llegar musicalmente y otras, técnicamente".

Su valía profesional le ha reportado varios galardones entre los que destaca el Grammy en 2004 por su participación como productor musical en el disco K de Kepa Junkera. "Fue una sorpresa. Porque, aunque somos vascos y echados para adelante, somos muy pequeñitos en el mundo. Y un reconocimiento a nivel mundial es difícil porque no nos conocen tanto", razona pero no le quita méritos al trabajo que realizó. "Lo que demuestra es que el el trabajo es bueno y el disco K el lo era, y se presenta, ¡por qué no podemos estar al mismo nivel que otros?"

A ese importante galardón se han unido más desde 2001. Ese año obtuvo el premio a la mejor canción en euskera por Arraun de Joseba Tapia. La colección se amplió en 2008 con el premio a la mejor canción en gallego por Luar na Lubre. Un año después repitió el éxito de 2001 con un tema de Benito Lertxundi. No me pidas que te bese porque te besaré, de Aritz Villodas, se alzó con el premio Jerry Goldsmith por la banda sonora.

Pero la industria musical vasca está en crisis como cientos de industrias en estos momentos aunque sí se habla de la música en euskera, ese agujero es aún mayor. "Es más difícil que te conozcan. Al final, los premios también tienen un punto de que te conozcan para que sepan su reflejo en un mayor número de encargos. A nadie le llueven las cosas porque un día gane un premio. Te sirve a ti mismo para afian-

¿Y por qué cruzar el charco hasta Estados Unidos para realizar el mastering? ¿No había recursos suficientes en Euskadi? Según Fernández Krutzaga, no se debe a los medios que hay sino a la calidad que requiere un trabajo de este tipo con lanzamiento internacional incluido. "El estudio Bernie Grudman es, probablemente, el más prestigioso del mundo. En este proyecto he unido trabajo e investigación", explica el productor musical quien se refiere a la elección de la orquesta para remachar su argumentación. "En Euskadi sí hay buenas orquestas, pero no para este nivel".

Esa experiencia al otro lado del Atlántico le ha abierto puertas de cara al futuro. "Ha estado muy bien porque con la persona que estuve trabajando allí ahora tengo un poco más de relación. Lo cual hace un lazo de comunicación para posibles trabajos futuros", se felicita.

La compañía japonesa Konami tiene previsto que el videojuego llegue a unos dos millones de personas. Ese dato viene a reafirmar el esfuerzo tanto en la imagen como en el sonido o la música pero Mikel prefiere no pensar en eso. "Procuro que no me afecte y no darle importancia. Me centro en mi trabajo, en lo que hago, que me queda conforme", subraya. Y, en esta ocasión, ha quedado más que conforme.

menta el productor musical.

A pesar de lo que en muchas ocasiones se cree, el galardón no tuvo su reflejo en un mayor número de encargos. "A nadie le llueven las cosas porque un día gane un premio. Te sirve a ti mismo para afian-

zarte, pensar que vas por el buen camino, que todo el esfuerzo que has hecho ha servido para algo. Reafirmó mi trabajo", comenta.

Más que un empujón de cara a obtener más trabajo, el premio fue un apoyo para reafirmar que el tra-

bajo se estaba haciendo bien. "Hace que digas, si así ha servido, pues algo para delante. Porque al final este eran trabajo de mucho esfuerzo de muchas horas sentado ni solo dándole vueltas. Para eso el que viene bien", .

El Grammy fue un galardón que reconoció su trabajo aunque no sirvió de empujón en su carrera FINAL J. SANPEDRO

El Grammy que logró en 2004 con 'K', de Kepa Junkera. FINAL J. SANPEDRO

SUS FRASES

"Ahora, el ingeniero es el productor porque tiene todos los elementos en la mano"

"El Grammy demostró que el disco 'K' era un trabajo bueno e interesante"

MIKEL FERNÁNDEZ KRUTZAGA
Productor musical

69

www.ingramcontent.com/pod-product-compliance
Lightning Source LLC
Chambersburg PA
CBHW070320290526
45791CB00003B/1190